KIRAN VYAS

MASSAGE INDIEN

LA TRADITION AYURVÉDIQUE

Editions Recto Verseau

Du même auteur, chez le même éditeur :

YOGA DES YEUX, GUERISON DE LA VUE

L'AYURVEDA AU QUOTIDIEN

Dans la même collection :

BIODANZA® La Danse de la Vie
Paula ROULIN

LE MASSAGE REFLEXE VERTEBRAL
Muriel FANDJO

MEDITATIONS GUIDEES POUR VIVRE EN HARMONIE
D. TONOSSI & F. BENET

Pour tout renseignement et pour contacter l'auteur de ce livre :
ADI SHAKTI - 9, rue Gutenberg - 75015 PARIS.

CP 12 - 1680 ROMONT (SUISSE)

Couverture et mise en pages : Ney R.L.
ISBN 2-88343-107-8

TABLE DES MATIÈRES

INTRODUCTION	5
LE MASSAGE GLOBAL	
Automassage	8
LE MASSAGE COMPLET - Abhyanga	13
LE MASSAGE DES PIEDS AVEC LE BOL	27
LE MASSAGE DES JAMBES	
Pagatchampi	38
LE MASSAGE DU DOS	
Le Papillon	44
La Sauterelle	46
Le Massage du Dos	51
Le Sphinx	62
Le Fœtus	70
LE MASSAGE DES MEMBRES	
La Plante des Pieds	78
Les Jambes	82
Les Bras	88
LE DEVANT DU CORPS	91

INTRODUCTION

Le massage indien ou massage ayurvédique est aussi vieux que la civilisation indienne.
C'est la science la plus ancienne et un des arts les plus créatifs.
Le massage est un point qui lie le corps et l'esprit, qui établit un équilibre entre le microcosme et le macrocosme par les différents circuits énergétiques.
C'est une pratique de santé, de bien-être, qui nous fait voyager dans le monde intérieur, le monde occulte imperceptible.
Parfois, c'est une psychothérapie (ou plutôt une catharsis) qui ouvre les plaies du passé et nous met face à face avec notre mental tourmenté.
Tout cela a pour objet de nous faire avancer vers l'harmonie, vers la joie d'être.
Parfois, c'est une méditation, un chemin pour l'évolution et le progrès.
Le massage est une chose très tangible, bien palpable, avec un contact direct sur notre corps.
C'est une forme de communication.
Mais c'est aussi et simplement un état de l'"être".

LE MASSAGE GLOBAL

AUTOMASSAGE

Le massage doit faire partie intégrante de la vie quotidienne. Tous les matins, huilez votre corps pour y faire circuler les différentes énergies.
Grâce à un simple massage, à base d'huile de sésame, vous pouvez éliminer la fatigue et les toxines.
Ce massage s'effectue avant ou après la douche.
S'il a lieu avant la douche, faites bien attention de ne pas trop savonner le corps, afin de ne pas éliminer toute l'huile que vous avez mise.
Prenez un peu d'huile de moutarde dans la main gauche, trempez l'annulaire droit dans cette huile et faites douze petits cercles dans le nombril, dans le sens des aiguilles d'une montre. Le nombril, c'est le centre de gravité, le centre énergétique par excellence.
Puis posez une goutte d'huile sur la racine de tous les ongles, ceux des orteils et ceux des doigts.
De même, mettez une goutte dans chaque narine et dans les oreilles.
Puis au sommet de la tête, entre les sourcils, sur la gorge, au milieu du sternum sur le cœur, sur le plexus solaire, de nouveau dans le nombril, puis sur le bas-ventre, à la racine de la colonne vertébrale, ainsi que

sur toutes les articulations : sur les genoux, les chevilles, les aines, les poignets, les coudes, en terminant par les épaules.
Si vous vous sentez d'humeur indolente ou si vous êtes pressé, ce sera suffisant.
Mais si le temps ne vous est pas compté, prenez alors de l'huile de sésame légèrement chauffée, parfumée aux huiles essentielles, ou même prenez une huile ayurvédique, selon votre humeur, selon votre affection et vos tendances intérieures du moment et poursuivez ainsi :
***(1)** Tout d'abord, en position assise, posez la cheville droite sur la cuisse gauche et massez la plante du pied droit.*
- Tirez les orteils, passez les doigts entre chaque orteil, faites des mouvements de la cheville, des rotations dans les deux sens.
- Enfoncez vos doigts, aussi profondément et aussi précisément que possible, autour des malléoles et dans tous les creux que vous trouvez.

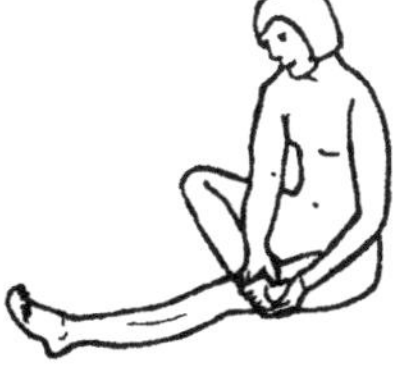

1

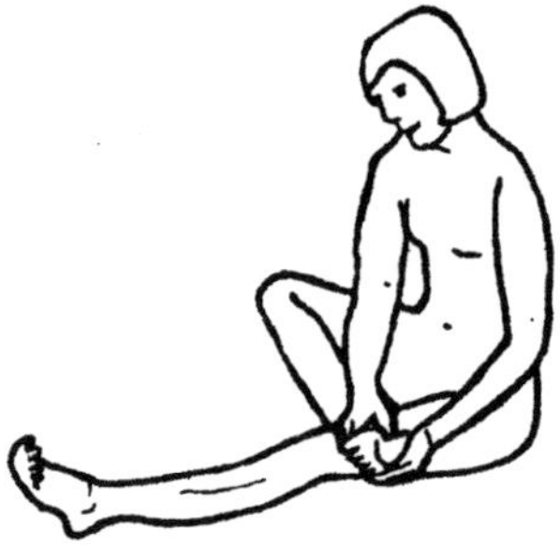

1

(2) Puis massez la cheville vers le genou, la cuisse, jusqu'au niveau de l'aine.
- Faites tous les mouvements que vous voulez, laissez vos mains chercher les mouvements naturellement. Essayez simplement de faire pénétrer le plus d'huile possible.

2

- Répétez sur la jambe gauche, et massez de la même manière les bras, puis le devant du corps, le ventre, dans le sens des aiguilles d'une montre.
Finissez par le sternum et la poitrine.
- Essayez ensuite de masser votre dos comme vous le pouvez, ce qui aura l'avantage de développer la souplesse des bras, des omoplates et de la colonne vertébrale. En même temps, cela procurera une détente et l'exercice nécessaire à votre corps.
- Terminez ce massage par la nuque, le cou, le visage et la tête, comme vous le pouvez, comme vous le sentez.

L'objectif de ce massage est de huiler toutes les parties du corps, de faire connaissance avec votre corps non pas par les yeux mais par vos doigts et vos mains, de sentir votre corps.
Laissez chaque partie de votre corps respirer.
Laissez chaque partie de votre corps dialoguer avec vos propres doigts.
Finissez ce massage par un bain d'air et de soleil, si possible, pendant quelques minutes.
Tout cela doit être fait avec recueillement, avec une prise de conscience et un grand amour du corps, avec l'idée de progrès, de bien-être et de paix.
Ainsi vous sentirez les bienfaits de ce massage.

A la fin, fermez les yeux.
Avec un peu d'huile, massez légèrement vos paupières.
Pressez-les doucement, ainsi que vos globes oculaires, sans aller trop loin.
Cela vous procurera un calme et une nouvelle énergie vitale.

LE MASSAGE COMPLET ABHYANGA

La personne massée est à plat ventre.

Les jambes sont légèrement écartées, les bras vers le haut, légèrement écartés, comme pour dessiner un grand “ V ”.
La tête est, soit à droite, soit à gauche, il est conseillé d’en changer la position plusieurs fois pendant la séance.
Le masseur demande à son partenaire de se laisser aller, complètement.
Les yeux sont fermés, pour la personne massée bien sûr, la respiration est douce, calme et régulière.
Le masseur joint ses deux mains ou, même sans les joindre, ferme les yeux pendant quelques instants et se concentre, se calme, dans un recueillement profond.

Doucement, le massage commence.
D’abord un toucher léger, soit sur les épaules, sur le dos, les pieds ou une des mains.

(1) Puis vous débutez par le coccyx. Avec l'annulaire et le majeur de l'une de vos mains, vous tracez des cercles ou des zéros au niveau du coccyx.
Le ZERO est un chiffre magnifique, le ZERO représente le néant, le vide total, le monde qui a été créé à partir de ce vide total et, d'autre part, l'univers qui n'est rien d'autre que ce grand ZERO.
Mais si l'univers est un grand ZERO, nous sommes, je suis aussi un ZERO.
Avec cette grande humilité, sachant que je ne suis rien, rien d'autre qu'un ZERO, je commence mes petits pas dans le domaine du massage.
Et aussi, avec la tranquillité et le calme du vide : le NEANT.

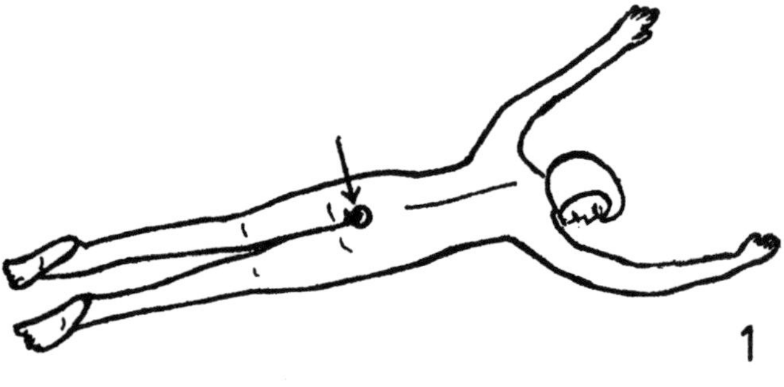

1

Vous tracez des cercles dans le sens des aiguilles d'une montre, puis vous changez de sens. De toute façon, des deux côtés on retrouve les mêmes cercles, le même zéro, le même point de départ. Le ZERO, dans sa relation de multiplication, reste le ZERO.

Mais le même ZERO, dans sa relation de division s'explose vers quelque chose que l'on ne comprend pas, aussi inconnu ou incompréhensible que le ZERO : le chiffre INFINI.

***(2)** Alors vous allez tracer maintenant le chiffre INFINI sur le coccyx.*

Là aussi, dans un sens, puis dans l'autre, ou bien avec une main puis avec l'autre, comme vous voulez.

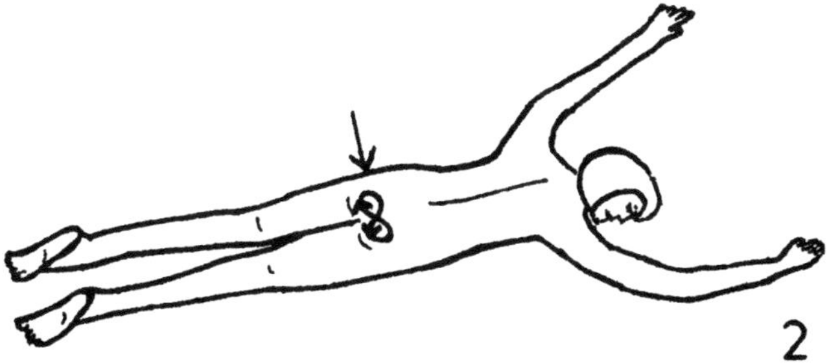

2

*(**3**) Ces INFINIS, qui sont tout petits sur le coccyx, laissez-les devenir de plus en plus grands, couvrir de plus en plus le dos, dans un mouvement de spirale ascendante, puis dans un mouvement de spirale descendante.*
Ainsi, toute la colonne vertébrale, tout le dos, est couvert de ces mouvements INFINIS, de ces mouvements en spirale, du haut vers le bas et du bas vers le haut.

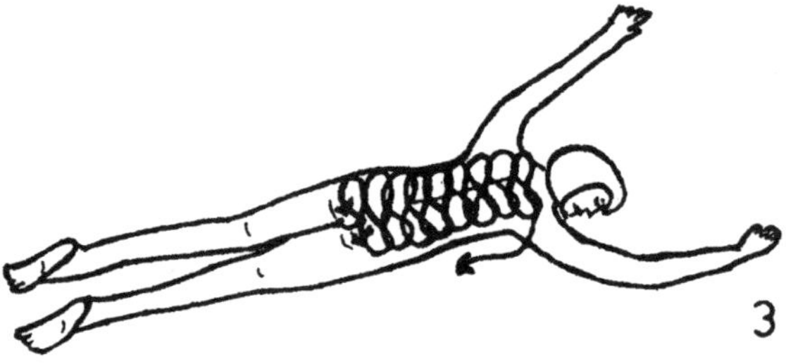
3

*(**4**) Mais revenons à un monde plus terre à terre et ne traçons plus que des lignes droites, avec le dos de la main de gauche à droite, avec le plat de la main droite à gauche.*
Revenons dans ce monde existentiel qui n'est représenté que par la surface, par le plan horizontal et traçons des lignes horizontales de gauche à droite et de droite à gauche.

N'oubliez pas que dans ce monde horizontal, le meilleur point d'ancrage pour ne pas perdre l'esprit, c'est le contact avec l'élément TERRE.
C'est pourquoi, à la fin de chaque ligne horizontale, laissez tomber la main vers la TERRE, afin de reprendre contact avec l'énergie de la TERRE, et recommencez une nouvelle conquête horizontale.

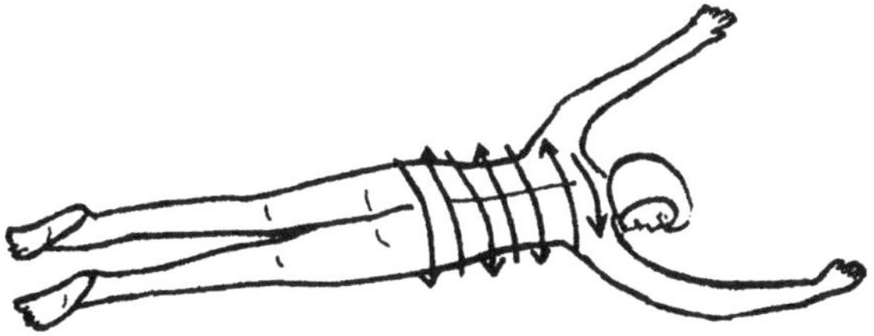

4

MASSAGE EN " V "

(5) Ensuite commence le grand massage qui va complètement couvrir le corps.
Avec l'index sur le coccyx, les doigts bien écartés, laissez glisser les doigts, la paume de la main bien appuyée sur la colonne vertébrale et le dos, avancez vers l'atlas (première vertèbre cervicale).

Puis laissez glisser la main sur l'épaule droite, vers le coude droit, sur l'avant-bras, vers la main, jusqu'au bout des doigts.
Faites alors revenir votre main par le côté jusqu'au niveau de la hanche. Faites un grand mouvement infini sur les fessiers, en passant par le coccyx.
De nouveau, départ du coccyx vers l'atlas, vers le bras gauche, la main gauche.
Puis revenez sur le côté en passant par l'aisselle, la hanche gauche, et terminez par un grand signe infini.
Ce mouvement s'effectue une douzaine de fois chaque côté.
Reprenez de l'huile aussi souvent que nécessaire.

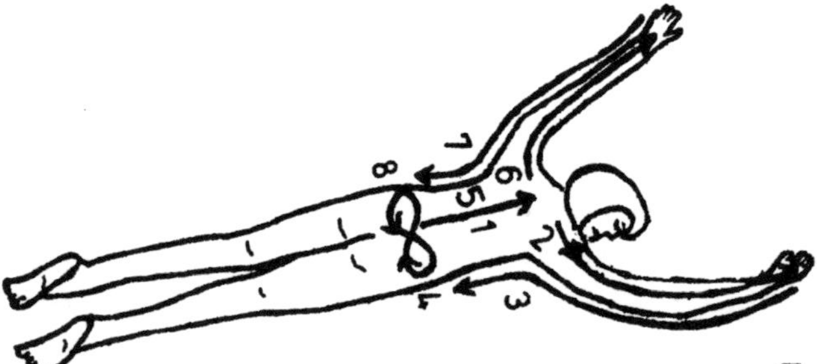

5

MASSAGE EN “ V ” RENVERSE

***(6)** De nouveau à partir du coccyx, descendez la main vers la hanche, descendez par le côté extérieur de la jambe jusqu'aux orteils.*

Et remontez par le gros orteil sur la face interne de la jambe jusqu'au niveau de l'aine, puis sur le coccyx.

Redescendez ensuite sur l'autre jambe.

Effectuez également ce mouvement une douzaine de fois de chaque côté.

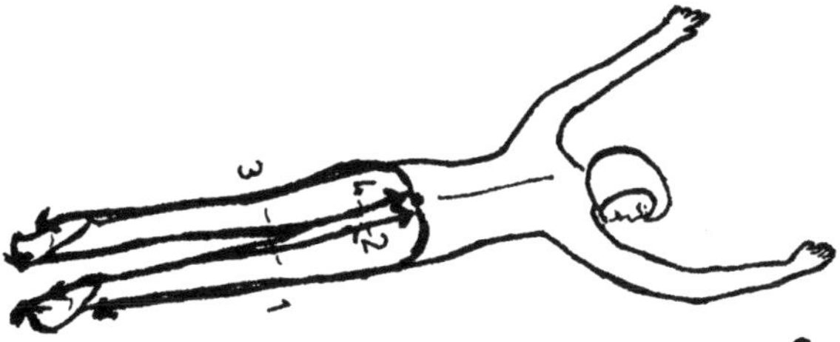

6

MASSAGE DE LA GRANDE CROIX

***(7)** Et maintenant, nous arrivons à la grande croix, la croix de l'univers.*

De nouveau, commencez par le coccyx, montez jusqu'à l'atlas, jusqu'au bout des doigts, et redescendez sur le côté par l'aisselle, la hanche, le côté extérieur de la jambe jusqu'aux orteils.

Remontez par le gros orteil sur la face interne de la jambe jusqu'au coccyx, de la colonne vertébrale jusqu'à l'atlas.
Dirigez-vous alors vers l'autre bras et continuez ce mouvement sur l'autre côté.
Tout ceci doit être fait 108 fois de chaque côté, c'est-à-dire 216 fois
N'oubliez pas de garder un contact bien appuyé de tous les doigts et toute la paume de la main avec la personne que vous massez, comme si vous vouliez écraser 7 grains de raisin.
Que votre pression reste constante, que votre main glisse régulièrement et sans à-coups, que votre mental reste calme et paisible.

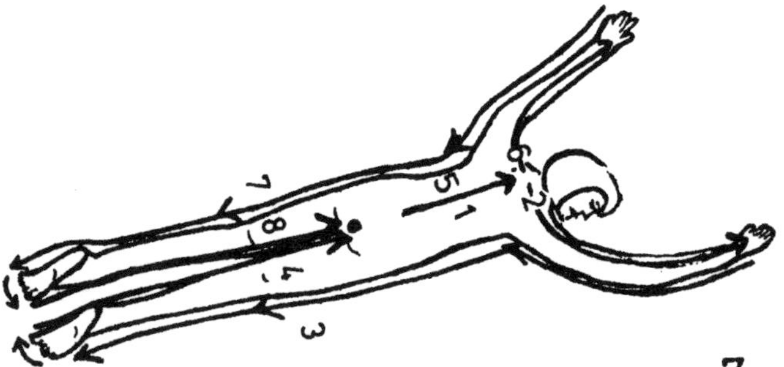

7

Puis la personne massée se retourne sur le dos.
(8) *Mettez quelques gouttes d'huile dans le nombril et commencez par faire des petits cercles avec l'annulaire, toujours dans le sens des aiguilles d'une montre.*

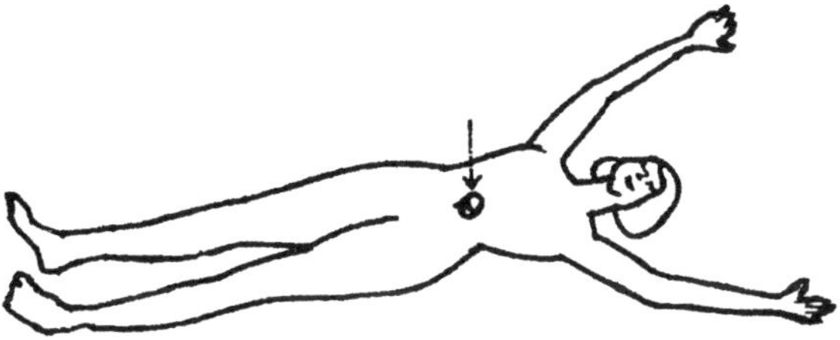

8

(9) *Puis, sans appuyer très fort, élargissez le mouvement sur le ventre, avec tous les doigts, en effectuant des cercles de plus en plus grands autour du nombril. Peu à peu, vous allez ainsi couvrir toute la région abdominale.*

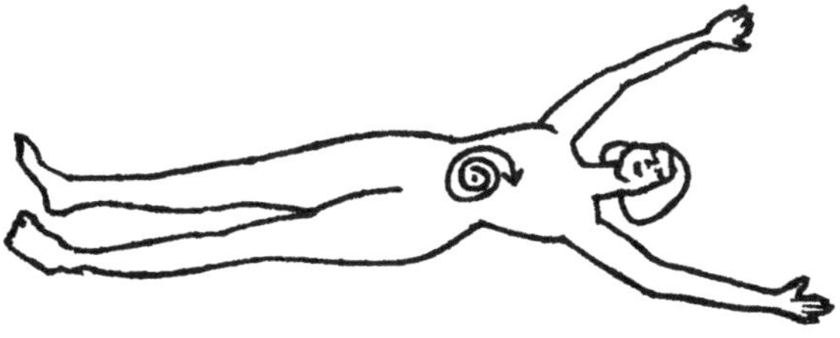

9

(10) Faites ensuite des petits cercles, toujours dans le sens des aiguilles d'une montre, en bas du sternum, au niveau du plexus solaire.
Puis avec l'annulaire et le majeur, par des petits cercles, massez les quatre points cardinaux autour du nombril, en haut, à gauche, en bas, à droite.
(La distance de chacun de ces points se trouve à mi-chemin du nombril et du plexus solaire).
Il faut essayer de joindre les énergies de la TERRE et du CIEL d'une part, et d'autre part de prendre contact avec les énergies matérielles ou spirituelles en tenant compte des 4 directions cardinales.
Comme disent les Anciens, ces quatre points sont respectivement associés

au Maître cœur en haut,
à “ l'océan de l'énergie ” en bas,
et aux deux reins de chaque côté.

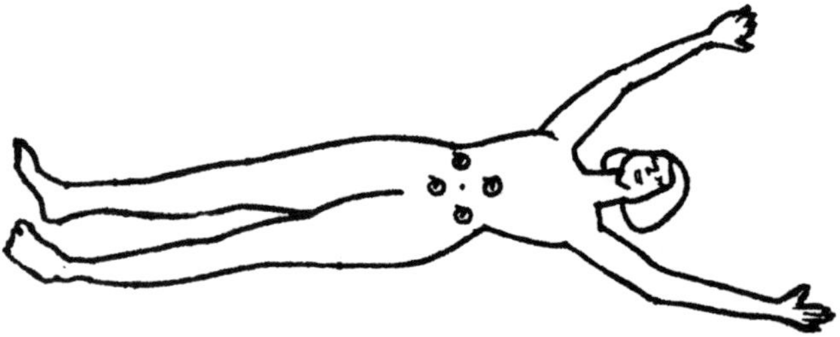

10

(11) De nouveau à partir du plexus solaire, montez sur le sternum, allez vers l'épaule et glissez jusqu'au bout des doigts.
Redescendez par le côté vers la hanche, suivez le côté extérieur de la jambe jusqu'aux orteils.
Remontez par la face interne de la jambe, puis vers la hanche jusqu'au nombril.
Au niveau du nombril, faites un cercle avec le poignet et recommencez le même mouvement de l'autre côté.
Tout ceci doit également se faire 108 fois alternativement, soit 216 fois en tout.

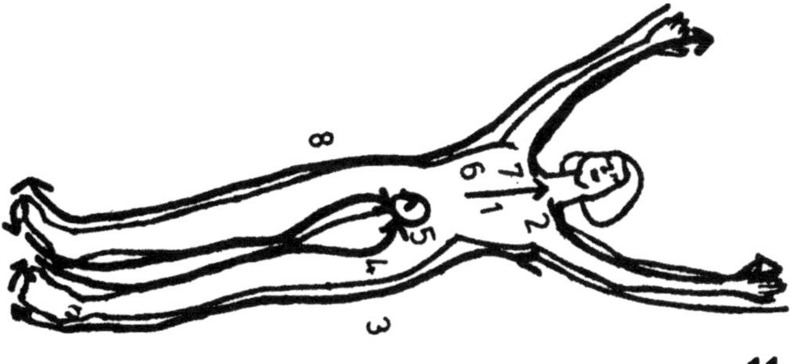

11

LE MASSAGE DU VISAGE

Pour terminer, un léger massage du visage et de la tête.

Le masseur se place alors à la tête du massé.

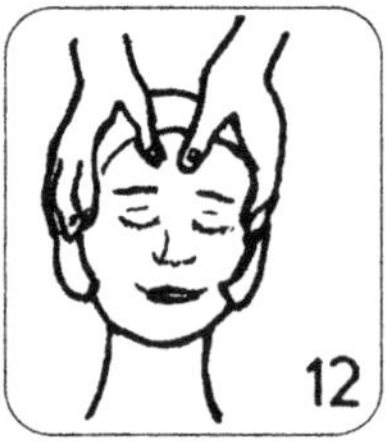

***(12)** La tête est bien droite, prenez-la en posant les deux pouces sur le front, les mains sur le côté. Essayez de sentir la respiration crânienne (qui n'est liée ni à la circulation cérébrale ni à la respiration thoracique).*

Puis, en partant du milieu du front, glissez les pouces vers les tempes et posez les index sur les tempes.

Refaites à nouveau glisser les pouces juste un peu plus haut sur le front, mais cette fois-ci posez les majeurs sur les tempes.

Toujours un peu plus haut et posez les annulaires au niveau des tempes.

Puis une dernière fois, en posant tous les doigts, bien serrés, et faites de petits cercles, dans un sens puis dans l'autre, toujours au niveau des tempes.

Pressez ensuite légèrement les deux arcades sourcilières en même temps.

Avec le pouce et l'index de chaque main, partez de la base du nez vers l'extérieur.

Formez une pince avec le pouce et l'index joints et

frottez l'arête du nez dans un mouvement de va-et-vient.
Descendez le long de chaque aile du nez et pressez les deux points de jonction juste là où commence l'os.
Continuez le long des pommettes.

Puis avec l'ongle pressez le point entre la lèvre supérieure et le nez, le point qui réveille.

Par un mouvement alterné, faites glisser chaque main sous le menton jusqu'aux oreilles.
Caressez ensuite légèrement le visage.
Croisez les doigts, juste au-dessus du milieu du visage, et descendez vers les côtés (en séparant les mains).
Terminez en chassant l'air au-dessus du visage et posez les deux paumes de mains en coque sur les yeux, sans appuyer. Gardez-les ainsi quelques minutes.
Couvrez alors le corps de la personne massée.
Laissez-la se reposer, se détendre, laissez-la méditer.

* Dans la pratique, ce massage complet peut commencer par différentes parties du corps :

- au niveau du cœur,
- au niveau du nombril,

- par une des extrémités : la main, le pied ou même le sommet de la tête
- au niveau du coccyx.

Mais c'est au massé et au masseur de sentir et de décider par où commencer, bien sûr, sans discussion ni parole, simplement par la sensation et l'intuition.

Le respect de l'autre est exceptionnellement important, de même que la pureté, le calme et la tranquillité du masseur qui sont particulièrement sollicités pour ce massage.

LE MASSAGE DU PIED AVEC LE BOL

PREPARATION DU MASSAGE

BAIN DE PIEDS

Avant de masser les pieds, faites pratiquer à la personne un bain de pieds en alternant trois fois :

* 45 secondes dans l'eau froide additionnée d'un peu d'argile.
* 3 minutes dans de l'eau chaude salée, la température devra être aussi chaude que la personne pourra le supporter (sauf en cas de varices).
On peut également utiliser différentes tisanes ou différentes plantes. (Peut-être y aura-t-il un jour des médecins ayurvédiques dans nos pays pour les prescrire.)
* En cas de varices, on fera un bain unique d'eau froide pendant 10 minutes.

LE ROULEAU DE LA GRACE

Après cela, prenez un petit rouleau qui s'appelle KRIPCHAKRA (de kripa = grâce et chakra = roue) et demandez à la personne de le faire rouler sous les pieds dans un mouvement de va-et-vient, pendant à peu près douze minutes par pied au minimum.
Si vous ne possédez pas ce rouleau, utilisez simplement une balle de tennis que la personne fait rouler

sous le pied ou encore, invitez-la à marcher sur une surface irrégulière, sur des graviers par exemple.

L'ATMOSPHERE ET L'AMBIANCE

Puis la personne s'allonge en SHAVASANA, c'est-à-dire sur le dos, les bras et les jambes légèrement écartés, la paume des mains tournée vers le ciel. La position doit être confortable, les jambes peuvent être soutenues par un coussin, si désiré.

Recouvrez la personne car le corps se refroidit pendant ce massage, entre autre à cause de l'immobilité.

Vous pouvez également poser un coton légèrement imbibé d'eau sur chaque paupière, ce qui a un effet plus relaxant et aide en outre à combattre l'hypertension.

Essayez de créer une ambiance de calme et de détente, une musique douce peut vous y aider.

LE PLAN HORIZONTAL ET LE PLAN VERTICAL

Le masseur, le plan vertical, est comme une antenne qui capte les énergies.

Si c'est une bonne antenne, les énergies seront bien captées et la transmission se passera correctement. Sinon, il risque d'y avoir du brouillage sur la ligne.

C'est aussi une des raisons pour lesquelles la pièce doit être calme et aérée.

Un autre exemple de l'énergie verticale : l'enfant, et un exemple de l'énergie horizontale : l'adulte.

Lorsque l'enfant est fatigué, il se repose quelques instants, et de nouveau le voici plein d'énergie. Il est capable de se recharger pendant son repos avec une identification totale et une communion complète avec l'énergie cosmique.

L'enfant est une antenne pure qui sait capter ces énergies.

L'adulte, qui possède la connaissance et la sagesse du monde horizontal, n'a pas les mêmes ressources de ré-énergétisation.

Il est souvent fatigué, et peu à peu sa fatigue devient chronique.

Aussi, en INDE, l'adulte, et très souvent les grands-parents, se font masser par les enfants.

C'est le premier massage que nous apprenons.

Dès l'âge de trois ans et demi, quatre ans, l'enfant commence à masser ses parents, ou ses grands-parents, avec du ghee et le bol de massage du pied. Généralement, l'adulte, ou les grands-parents, lui raconte des épopées du RAMANAYAMA et du MAHABHARATA ou bien lui chante quelques passages des VEDAS ou des UPANISHADS.
Il y a des histoires d'héroïsme, d'aventures occultes et spirituelles, qui élèvent notre conscience vers la sincérité, la perfection, la gratitude et la générosité.
Toutes ces histoires, reçues dans un esprit en voie de développement, en échange d'un massage des plantes des pieds, grandissent à l'intérieur de l'enfant et font croître sa conscience vers les progrès spirituels.
L'enfant, à l'âge de trois ans et demi, quatre ans, n'est pas capable de masser d'une seule traite pendant très longtemps. Il va masser pendant quelques minutes, arrêter, reprendre. Il n'y a aucune obligation, aucune pression pour que le massage soit parfait; c'est l'apprentissage de la liberté.

LE BOL

Le bol utilisé pour ce massage s'appelle KANSU en gujarati, l'une des seize langues officielles de l'Inde.. Sa forme est ronde, concave, et il tient dans la paume de la main.

Il est constitué d'un alliage de cinq éléments dont le principal est le cuivre.
C'est l'alliage particulier de ces cinq métaux qui va lui donner toutes ses vertus.
Malgré son aspect, il est aussi fragile que la porcelaine et se casse très facilement s'il tombe.
Prenez-en bien soin.
Pour le nettoyer, lavez-le avec de l'eau.
Vous pouvez le recharger énergétiquement en le frottant avec un peu de cendre, puis sur l'herbe afin qu'il puisse reprendre le contact avec l'énergie de l'élément TERRE. Ensuite vous le relavez à grande eau pour lui donner l'énergie de l'élément EAU.

LE MASSAGE AVEC LE BOL

Enduisez de ghee le pied gauche de la personne afin de prendre contact avec chaque millimètre.
Puis commencez le massage avec le bol lui aussi enduit d'un peu de ghee.
(1) Le bol bien affermi dans la paume de la main, ce massage utilise des techniques de base très simples.

(2) Tout d'abord effectuez des petits cercles sur toute la plante du pied, puis des cercles un peu plus grands en travaillant plus précisément chaque partie de la plante du pied.

Insistez plus particulièrement sur le haut du pied et des orteils qui regorgent de terminaisons nerveuses. Puis travaillez avec des mouvements longitudinaux, des mouvements horizontaux, des infinis, petits ou grands, variez tout en gardant le même rythme.

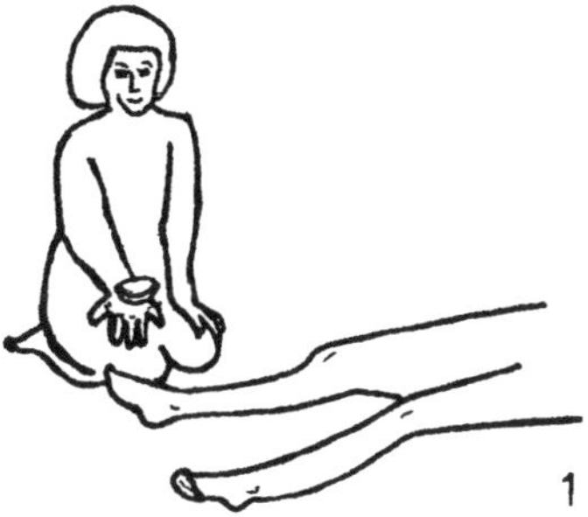

1

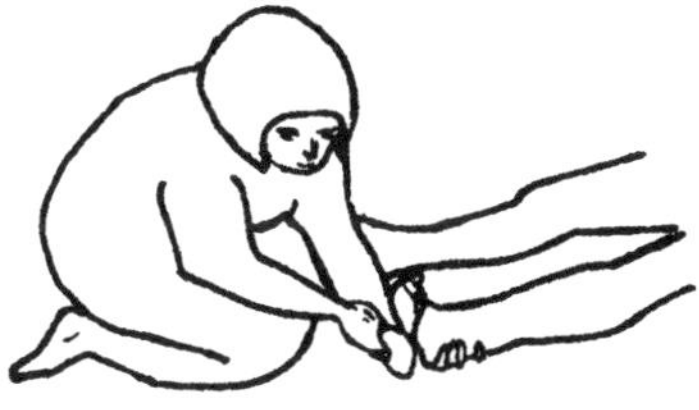

2

Travaillez sur la globalité, l'intégralité du massage. Essayez de dessiner la lumière comme dans un tableau impressionniste, un tableau le plus doux possible, le plus vivant possible, le plus harmonieux possible.
Massez au moins pendant dix à quinze minutes pour ressentir les effets particuliers de ce bol.
A la fin, faites passer vos doigts entre chaque orteil. Etirez légèrement chaque orteil l'un après l'autre. Entre l'ongle du pouce et l'index, pressez légèrement chaque orteil, ongle sur ongle, au tiers environ.

Et terminez en effleurant les orteils.
Gardez le pied pendant quelques instants entre les deux mains puis recouvrez-le, et passez à l'autre pied.

L'EQUILIBRE DE L'ELEMENT FEU

Le massage avec le bol a la propriété d'équilibrer l'élément FEU, c'est-à-dire qu'il va diminuer l'excès de feu (caractérisé par une plante du pied qui devient parfois noire au cours du massage), et augmenter l'élément FEU s'il n'est pas assez puissant.
Par exemple, si vous êtes colérique, énervé, angoissé, ce massage va vous calmer.
Mais si vous vous sentez trop faible, déprimé, angoissé, si vous manquez d'énergie, si vous vous sentez paresseux, ce massage va vous réveiller, vous donner une énergie positive, des sentiments et des pensées positifs.
Il peut tout aussi bien équilibrer dans les deux sens, même s'il vous semble bizarre de penser qu'il peut y avoir excès et manque en même temps.
En effet, même si une personne est très active, très nerveuse ou très colérique, elle peut très bien, en même temps, avoir une dépression, une sorte d'inertie peuplée de pensées négatives, le tout assorti d'un certain manque de volonté.

Grâce à ce massage, les pensées positives reviennent, la vitalité renaît.
Le massage avec le bol est très connu pour les bienfaits qu'il procure sur tout le corps, et particulièrement au niveau du cerveau et du cervelet.
Rééquilibrer l'élément FEU dans l'organisme a une action particulièrement bénéfique pour les yeux.
La stimulation des zones réflexes, qui sont en relation directe avec les organes et les fonctions corporelles, régularise la circulation des énergies, relaxe le corps tout entier et guérit des insomnies.

LE MASSAGE DES JAMBES PAR PRESSIONS

PAGATCHAMPI

La personne à masser est allongée sur le dos, habillée ou déshabillée, les yeux fermés.
Avant de masser, pensez toujours à prendre un peu de temps pour vous concentrer à l'intérieur de vous-même.
Puis, avec un contact assez ferme de la main (pas de petites caresses), vous allez remonter depuis le bout du pied jusqu'à l'aine, par l'intérieur de la jambe droite, et redescendre sur le côté extérieur de la jambe, une douzaine de fois.
(1) Avec les deux mains, prenez ensuite le pied droit et pressez puis relâchez. La pression doit se faire avec toute la force d'énergie dont vous disposez.
C'est une pression du haut vers le bas, ni trop rapide, ni trop lente, le temps d'une respiration.
Remontez un peu plus haut et de nouveau pressez, et relâchez.
Par ce jeu de pressions - relâchements, vous couvrez ainsi chaque centimètre de peau, du bas vers le haut.
Recommencez ainsi jusqu'à l'aine.
Redescendez en glissant sur le côté, toujours avec une pression assez ferme de la main.

Et recommencez encore deux fois.
(2) Sur les pieds, vous pouvez former une pince entre le pouce et les autres doigts et poser, sur la ligne médiane de la plante du pied, soit les deux pouces, côte à côte, soit les quatre doigts, en pressant vers le haut, puis en relâchant.
Arrivé au niveau de la jambe, vous pouvez continuer à presser-relâcher avec cette pince formée par les deux mains, côte à côte, ou encore, en croisant les doigts, prenez alors la jambe en sandwich entre les deux polarités de vos deux mains.
(3) Serrez ensuite les jambes du massé et pliez légèrement son genou droit, de façon à ce que la plante du pied droit soit contre son mollet gauche, et toujours le même mouvement, encore trois fois.
(4) Pour la quatrième position, amenez la plante du pied droit contre le genou, et effectuez de nouveau le mouvement trois fois.

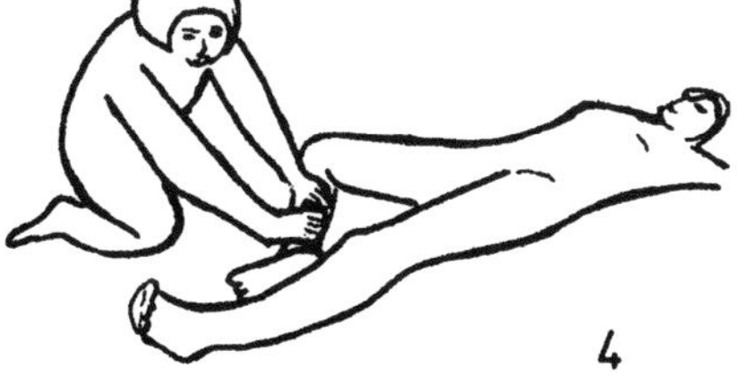

4

(5) Cinquième position : la plante du pied droit contre la cuisse gauche.

(6) Sixième position : la plante du pied droit contre le périnée ou aussi haut que possible sur la cuisse.

(7) Et la septième position : la plante du pied droit en lotus sur l'aine gauche, si la personne est très souple. Rallongez la jambe doucement et faites de nouveau le mouvement du début (vous montez par l'intérieur et vous redescendez sur le côté, jusqu'au bout des orteils), trois autres fois, tout en maintenant un contact assez ferme de la main.

Puis vous refaites la même chose sur la jambe gauche. En principe, les sept positions doivent être faites douze fois sur chaque jambe.
Si le temps vous manque, faites au moins trois fois chaque position.
Tous les méridiens sont touchés par ce massage : le méridien de la vésicule biliaire, de l'estomac, de la rate, du foie, des reins, de l'intestin grêle et de la vessie.
Dès que la position du pied change, tous les circuits énergétiques sont également changés, et même si les

mains se placent sur les mêmes endroits, à chaque fois, on touche des circuits d'énergie différents.

En médecine AYURVEDIQUE, c'est surtout APANA VAYU qui est la principale cause des douleurs articulaires, et c'est l'origine même des arthroses et arthrites.

Grâce à ce massage, on arrive à éliminer APANA VAYU.

N.B. : ce massage est déconseillé en cas de varices.

LE MASSAGE DU DOS

LE PAPILLON

OU :

" EST-CE QUE VOUS RESPIREZ BIEN ? "

La personne est allongée sur le ventre.
Frottez, à sec, tout le dos, les épaules, les omoplates, la colonne vertébrale, chaque côté du dos, bien énergiquement, mais sans irriter la peau, bien sûr.
Cela fait circuler le sang et des rougeurs apparaissent sous la forme d'un joli papillon, dont le corps est formé par la colonne vertébrale, avec deux ailes posées sur le dos et deux antennes qui courent le long des épaules du massé.
Certaines zones sont plus sombres que d'autres, frottez-les doucement avec l'index et le majeur posés l'un sur l'autre, appuyez fermement.
Finissez ce massage en effleurant doucement tout le dos, comme pour nettoyer votre travail, puis posez vos deux mains sur les omoplates pendant quelques instants... et remerciez la personne de vous avoir donné la chance de la masser.
On peut même parfois sentir comme des nœuds sous

la peau. Ces nœuds sont les points de rencontre des tensions d'ordre physique ou émotionnel qui se sont logées là.

La respiration ne se fait pas uniquement par la poitrine, c'est-à-dire par l'avant du corps, mais aussi par l'arrière du corps ; le dos respire.

A cause de ces tensions, la personne va respirer moins bien, surtout au niveau du dos. Finalement, ces tensions forment des nœuds, bloquant ainsi la respiration, et la trace de ces chocs émotionnels demeure " confortablement " installée dans notre dos, comme un invité indésirable.

Il est vrai que ces tensions choisissent des points et des coins souvent très bien cachés.

C'est précisément le travail du masseur que d'aller chercher ces tensions dans les "cavernes de l'inconnu" qui se trouvent sur le dos de chaque personne.

Beaucoup parmi nous en ont souvent " plein le dos " et cette expression s'éclaire sans doute grâce à ces explications.

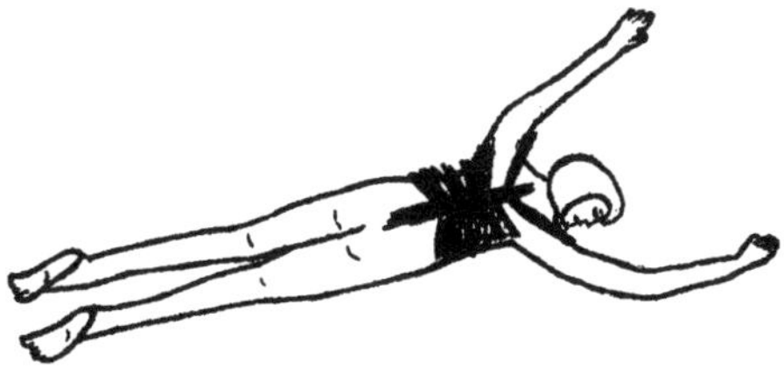

LA SAUTERELLE

OU :

APPRENDRE A MIEUX RESPIRER

A DEUX

Demandez à la personne de s'asseoir devant vous, le dos bien droit, les épaules relâchées.

Vous vous trouvez donc derrière elle, soit à genoux, soit assis sur un coussin, il faut que vous soyez légèrement plus haut qu'elle.

Avec les deux mains, vous allez commencer par malaxer énergiquement le haut du dos plusieurs fois, à pleines mains, en essayant de soulever la peau vers le haut, mais toujours avec beaucoup de douceur, sans faire mal.

(1) Vous allez marteler son dos. Tapez avec le tranchant de la main, les poings fermés.

(2) Puis avec les deux mains à plat, bien relâchées, frappez sur tout le dos, les épaules, les omoplates, les côtés du dos.

La même chose avec le dos de vos mains.

1

2

(3) Les deux mains l'une contre l'autre, "sectionnez" les épaules avec le tranchant de vos mains, gardez toujours les poignets bien relâchés.
Terminez par les omoplates et tout le dos.
Avec de grands cercles, frottez ensuite tout le dos, en essayant de pousser la peau vers le bas avec la paume de vos mains.
Puis vous époussetez, vous balayez les épaules et le dos, vous remettez les énergies en place comme après un grand ménage.

3

(4) Terminez par un léger lissage. Mains croisées sur le sommet de la tête, en gardant constamment le contact avec la personne, laissez glisser vos mains le long de ses épaules, ses bras, jusqu'à ses mains, ni trop vite, ni trop lentement.

4

Ce massage doit être très tonique, faites circuler les énergies dans les épaules, cela a une action préventive par rapport aux maladies.

N'hésitez pas à masser vigoureusement, tout en demeurant dans le domaine de la douceur.

Pour savoir être doux et efficace en même temps, il faut une grande concentration.

Le problème vient souvent du fait que dans la douceur, on n'est pas complètement concentré, alors qu'en principe on est concentré dans la force.

En règle générale, essayez d'éviter la colonne vertébrale, la tête et la nuque.

A TROIS

La personne massée et les deux masseurs sont debout. La personne massée se sent en sécurité entre les deux masseurs, dans un champ magnétique relaxant et rééquilibrant.

Elle garde les yeux fermés et, en inspirant, lève les bras sur le côté, très doucement, très lentement et régulièrement, jusqu'en haut, jusqu'à la verticale.

Pendant toute la durée de l'inspiration, c'est-à-dire pendant que les bras se lèvent vers le haut, vers le ciel, les deux masseurs vont taper avec les doigts, comme les mille gouttes de pluie qui tombent sur les toits d'une ville, l'un sur le sternum et le haut de la poitrine, sous les clavicules, l'autre entre les omoplates et sur les épaules.

Pendant l'expiration, c'est-à-dire quand les bras redescendent, les masseurs vont frapper doucement avec les paumes des mains aux mêmes endroits.

Vous continuez ainsi l'exercice pendant douze grandes respirations, bien lentes et bien profondes.

A la fin des douze respirations, les deux masseurs se mettent sur les deux côtés de la personne massée qui a maintenant les deux mains jointes en salutation au niveau du cœur.

Chaque masseur garde une main sur la main du massé et l'autre sur l'omoplate (la main droite sur la main

droite, et la main gauche sur l'omoplate droite, pour celui qui se trouve à droite du massé).
Ensuite, tous les trois ferment les yeux et essaient de synchroniser leurs respirations.
Et après quelques respirations, on murmure à l'oreille de la personne massée : d'ouvrir les yeux doucement, de fermer les yeux doucement, et puis de les rouvrir.
Ce massage, à la fois exercice, amène une grande ouverture de la cage thoracique, libère la respiration et les émotions.
Cela facilite une meilleure circulation énergétique dans le physique et dans l'affectif.
Cela donne aussi une grande souplesse pour la posture de la sauterelle.
C'est-à-dire que cela va vous aider à maîtriser tous les problèmes du bas-ventre, du bas du dos, les problèmes de tension artérielle.

Toutes les défenses de l'organisme sont ainsi stimulées et ceci sert de prévention contre les maladies à venir.

LE MASSAGE DU DOS

Les préliminaires s'effectuent comme décrit précédemment pour abhyaṇga.
Lorsque la personne massée est à plat ventre : décrire les zéros à partir du coccyx sur tout le dos, puis les infinis, puis les " V " de la victoire.
Après cela, le masseur se met vers la tête de la personne.

(1) Vous commencez par pousser les deux épaules en diagonale, avec les paumes des mains : l'épaule droite vers le talon gauche, et l'épaule gauche vers le talon droit, l'une après l'autre, puis les deux ensemble.

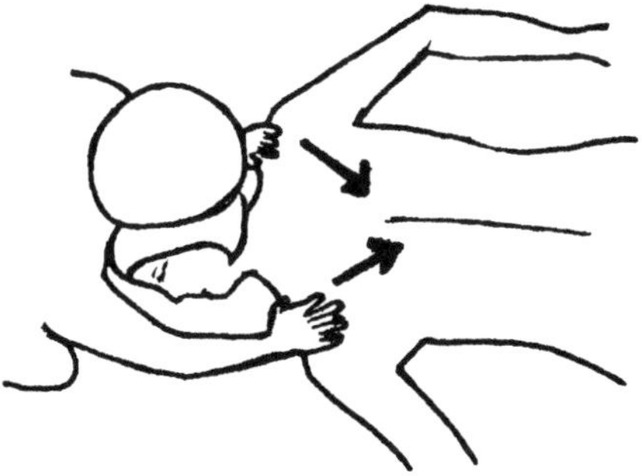

1

(2) Puis vous massez le dos en glissant les pouces le long des deux côtés de la colonne vertébrale, jusqu'au coccyx.
Vous glissez les mains sur les hanches et vous revenez sur les côtés, vous tirez les aisselles un peu vers le haut, puis les mains passent autour des épaules et continuent de glisser sous les bras jusqu'aux coudes, contournent ces derniers et descendent sur les avant-bras jusqu'au bout des doigts.
Vous revenez de nouveau sur les épaules et vous les repoussez en diagonale, l'épaule droite vers le talon gauche et l'épaule gauche vers le talon droit.
Et de nouveau vous glissez les deux pouces le long des deux côtés de la colonne vertébrale, et le mouvement se continue encore une fois.

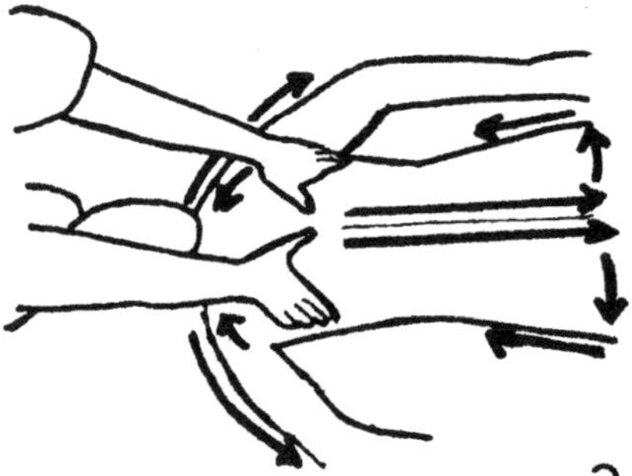

2

(3) Les deux mains des deux côtés de la colonne vertébrale, vous prenez la peau entre le pouce et l'index de chaque main et vous la pincez en tirant vers le haut, au niveau de chaque vertèbre.
Vous commencez en haut de la colonne vertébrale et descendez jusqu'au niveau du coccyx.
Même si vous n'arrivez pas à soulever la peau, vous essayez de tirer.
Quelquefois, au niveau des lombaires, ce mouvement fait craquer les vertèbres. Un son se produit et les vertèbres se remettent, mais ce n'est jamais douloureux.
En général, on pratique à sec, alors mettez un tissu ou un mouchoir très fin si la peau glisse entre les doigts. Le mouchoir se place sur la colonne vertébrale, on tire la peau au-dessus de la vertèbre, puis on replace le mouchoir sur la vertèbre suivante et on continue ainsi jusqu'au coccyx.

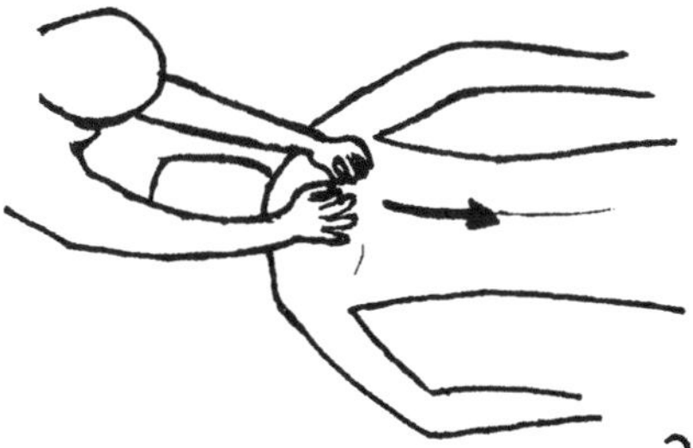

3

(4) Vous reprenez ensuite un peu d'huile et vous huilez de nouveau le corps avec des spirales, la main d'un côté de la colonne vertébrale, en couvrant tout le dos jusqu'aux fessiers.
Puis la main glisse au niveau de la hanche et vous remontez jusqu'au niveau des aisselles.
Revenez sur l'omoplate et, avec l'autre main, refaites ce mouvement de spirale en descendant vers les fessiers.
Le tout trois fois, alternativement de chaque côté, puis trois autres fois avec les deux mains en même temps.
Maintenant les deux mains sont posées bien plat sur le dos de telle façon que les pouces touchent la colonne vertébrale.
Laissez glisser les mains le long de la colonne vertébrale vers le coccyx.
Faites bien attention : avec les pouces vous devez sentir chaque vertèbre.
A vrai dire, il faut aller doucement et toujours faire un très léger arrêt après chaque vertèbre, mais en même temps, il faut que le mouvement soit régulier et rythmé, mais pas saccadé.
(5) Les mains glissent ainsi de l'atlas jusqu'au coccyx. Arrivé au niveau du coccyx, sentez-le avec vos deux index, puis les mains continuent de glisser sur les fessiers.

Faites des cercles en appuyant avec les talons de vos mains au niveau des fessiers et des hanches, puis remontez en appuyant bien sur les côtés, jusqu'aux aisselles.
Répétez ce mouvement six à huit fois.

(6) Maintenant, avec les deux mains, simplement en croisant les pouces, faites la forme d'un oiseau dont les ailes sont vos mains.

Posez les mains à plat avec cet oiseau sur le dos, de telle façon que vous arriviez à pincer la colonne vertébrale entre vos deux pouces. (La main droite se trouve sur le côté gauche de la colonne vertébrale avec le pouce de l'autre côté de la colonne vertébrale, et la main gauche sur le côté droit de la colonne vertébrale avec le pouce du côté opposé.)

6

Maintenant, avec chaque battement des ailes de l'oiseau, vous glissez sur le dos et vous pincez chaque vertèbre l'une après l'autre jusqu'à ce que vous arriviez en bas du dos, au niveau du coccyx.
Glissez les mains sur les hanches et remontez sur les côtés jusqu'aux aisselles.
Poussez les épaules vers les pieds, laissez glisser vos mains sous les épaules, sous les bras, sur les coudes, puis sur les avant-bras et sur les mains.
Remontez sur les bras et de nouveau, avec le mouvement de l'oiseau, avec le battement des ailes, vous avancez sur le dos, et avec les deux pouces, vous pincez et massez chaque vertèbre.
Répétez cinq à six fois.

(7) Maintenant vous allez masser les omoplates.
Pour masser l'omoplate droite, la joue droite du massé reste en contact avec la TERRE, le visage du massé se trouve tourné vers le côté gauche.
Pliez le coude droit et posez la main droite du massé, paume vers le ciel, sur l'omoplate droite, aussi haut que possible, mais sans forcer surtout.
Vous verrez que l'omoplate droite est bien ressortie.
Tout d'abord avec le pouce, glissez et massez, avec assez de force, la surface entre la colonne vertébrale et l'omoplate.

Puis avec le pouce, essayez de pénétrer le creux sous l'omoplate, autant que possible, et faites tout le tour de l'os.
Vous pouvez refaire le tour en pointillé, c'est-à-dire en pressant dans le creux avec votre pouce, ou bien avec un ou deux doigts, relâchez, avancez légèrement, encore un autre point, relâchez et ainsi de suite.

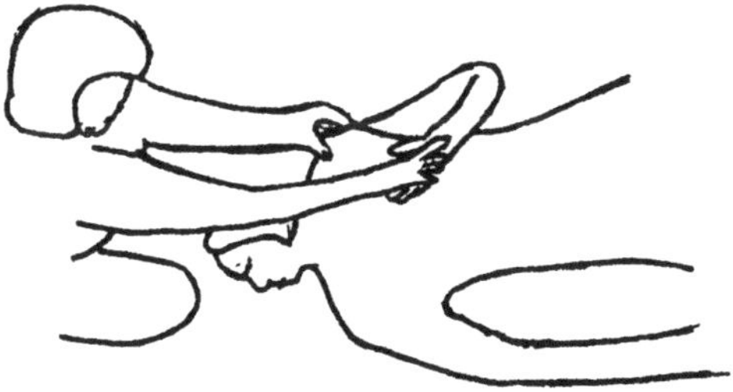

7

La plupart des tensions sont enregistrées dans cette région.
Toutes les contrariétés de la vie quotidienne, de la vie affective, de la vie sociale et du travail se retrouvent dans cette partie du dos.
Il faut agir doucement parce que, très souvent, nous sommes amoureux de nos propres contrariétés, nos propres faiblesses, et nous aimons garder ces chocs de toute nature à l'intérieur de nous-mêmes.

Aussi, quand vous essayez de les enlever, cela fait mal... Et au lieu de se détendre, la personne massée va se raidir.
Alors allez doucement.
Essayez d'apprivoiser la douleur et restez dans le domaine de la douleur agréable et exquise.
Parce que, en vérité, la personne appréciera ces douleurs, et quelquefois, elle va même vous réclamer plus de pression.
Et ce n'est ni masochisme ni sadisme, mais c'est véritablement l'amour de son bien-être, et sûrement le plaisir d'éliminer des toxines et des contrariétés de toutes natures.
Ensuite, vous reposez doucement le bras doit sur le sol et vous effectuez quelques cercles légers autour de l'omoplate droite et du bras pour détendre la personne. Puis doucement vous tournez la tête du massé de l'autre côté et vous recommencez les mêmes mouvements sur l'omoplate gauche.

(8) Vous voici maintenant revenu sur la colonne vertébrale.
Avec le majeur et l'annulaire l'un sur l'autre, descendez le long d'un côté de la colonne vertébrale, en effectuant de petites vibrations.
Descendez jusqu'au coccyx et remontez sur le côté.

Recommencez encore deux fois du même côté de la colonne vertébrale, puis trois autres fois de l'autre côté, et les deux côtés ensemble, toujours trois fois.

(9) Maintenant, vous allez fermer les yeux et poser les deux pouces de chaque côté de la colonne vertébrale, sur l'atlas.
Et tout doucement, les yeux toujours fermés, vous allez masser par sept petits cercles chaque creux entre les vertèbres avec les pouces. La pression doit être ferme et constante, comme si vous vouliez écraser sept grains de raisin.
Essayez de garder un rythme régulier et constant jusqu'à la fin, jusqu'au coccyx.

(10) Poursuivez par des étirements du dos.
Posez les mains entre les omoplates.
Une main va glisser vers l'épaule gauche, pendant que l'autre descend vers le fessier droit.
Vous glissez sur les côtés et vous recommencez le même mouvement, mais cette fois-ci, la main qui descendait va monter vers l'épaule droite, pendant que l'autre va descendre jusqu'au fessier gauche.
C'est comme si vous dessiniez des grands cercles opposés, de chaque côté du dos.
Puis entre les côtes : en partant de la colonne verté-

brale, vous faites des mouvements de spirales, mais avec des doigts assez relaxés et détendus, en essayant de passer entre les côtes.

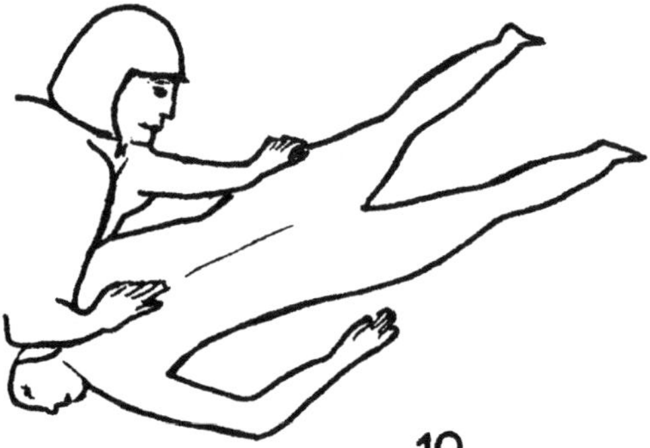

10

(11) Et vous terminez par le “ rouleau compresseur ”. L’avant-bras est posé perpendiculairement à la colonne vertébrale.
Vous partez du haut du dos et vous commencez à descendre lentement en appuyant, un peu comme un rouleau compresseur.
Surtout, dès que les côtes se terminent, relâchez la pression, et continuez de descendre, mais presque comme un effleurement.
De nouveau, à partir du coccyx, des fessiers et de la hanche, intensifiez la pression, et revenez sur le côté.

Puis balayez, effleurez le dos, du coccyx vers les épaules et les bras.
A partir de la colonne vertébrale, chassez la poussière vers l'extérieur, avec les ongles de vos quatre doigts.

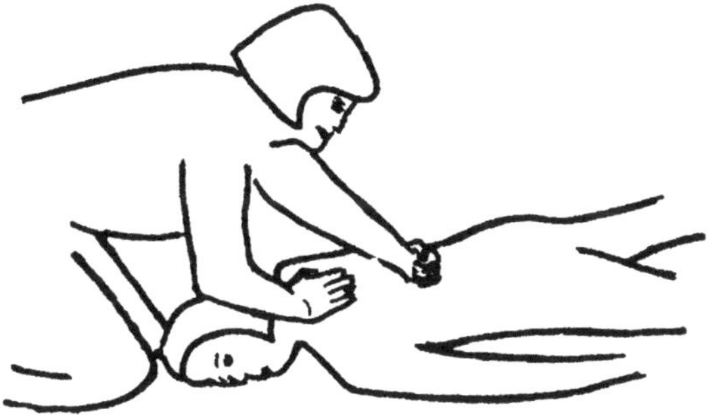

11

Terminez par un massage très léger et posez pendant quelques minutes vos deux mains entre les omoplates...
Recouvrez ensuite la personne, laissez-la se reposer et n'oubliez pas de la remercier de vous avoir donné la chance de la masser.

LE SPHINX

LA POSTURE DU SPHINX

La personne massée se trouve dans la posture du sphinx, c'est-à-dire : d'abord à plat ventre, les jambes serrées.
Puis elle soulève la tête et la poitrine jusqu'au niveau du nombril.
Les avant-bras se trouvent par terre, les coudes en dessous des épaules.
Cette position est si simple et si confortable que même un petit enfant de six mois la pratique.
Le massage dans la position du sphinx est la partie la plus spectaculaire du massage ayurvédique. C'est un des seuls massages, parmi les centaines et les milliers de systèmes qui existent sur la terre, où l'on masse la colonne vertébrale et le sternum en même temps.
Le massage, en Inde, est une pratique scientifique, qui vise à corriger la structure du corps, les fonctions des organes, à améliorer l'assimilation de la nourriture et à faciliter la circulation de l'énergie.
Ici la personne massée n'est pas nécessairement inactive ou passive.

Elle est réceptive certes, mais pas inactive.
Elle est active, quelquefois physiquement, mais toujours intérieurement, avec une réceptivité active.
Tout d'abord, il faut considérer les bienfaits de la posture en elle-même, posture que l'on garde pendant la durée du massage.
Elle posture donne une ouverture de la cage thoracique, une souplesse de la colonne vertébrale.
Grâce à l'ouverture de la poitrine, les poumons sont assouplis, le sang irrigue largement la zone du bassin et le maintient en bonne santé.
Cette posture active en outre le système nerveux, stimule la thyroïde, combat la constipation, nettoie les reins, atténue les troubles utéro-ovariens.
Ce mouvement est bon pour les lumbagos, les sciatiques et les déplacements des disques vertébraux.
A ces bienfaits s'ajoutent ceux du massage.

LA POSITION DU MASSEUR

Le masseur se trouve debout, les deux jambes de part et d'autre de la personne massée, les pieds, bien en contact avec la terre, au niveau des hanches du massé, de telle façon qu'avec les malléoles, on presse contre les hanches.
Les genoux restent bien souples.

Vous allez masser avec les paumes des mains ainsi qu'avec les avant-bras.
Vous allez donc huiler les mains et les avant-bras.

LE MASSAGE DU COU

(1) Les deux mains jointes, posez le bout des doigts sur l'atlas.

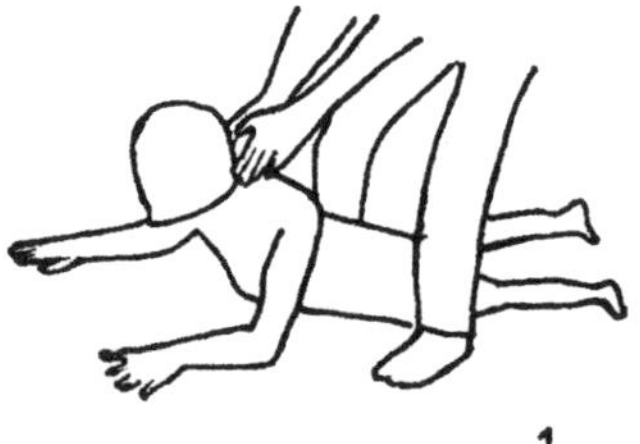

1

2

(2) Puis, à partir des doigts, laissez glisser vos mains et vos avant-bras sur le cou, verticalement, vers la terre, jusqu'au niveau de vos coudes.
Remontez en gardant toujours un contact avec le cou, sans pression exagérée.

(3) Puis descendez la main et l'avant-bras droits vers le côté gauche, et la main et l'avant-bras gauches vers le côté droit, autant que vous pouvez.
Revenez vers le haut et, de nouveau, les deux mains descendent, parallèles entre elles.

Remontez, et de nouveau, en croisant les bras derrière le cou, redescendez.
Répétez cinq à six fois ce mouvement.

3

LA COLONNE VERTEBRALE ET LE STERNUM
Reprenez de l'huile dans vos mains.
Posez le bout des doigts sur l'atlas.
Maintenant laissez glisser la main gauche sur la colonne vertébrale, de l'atlas jusqu'au coccyx, en même temps que la main droite glisse sur le sternum, entre les seins jusqu'au plexus solaire.

(4) Remontez et puis maintenant, c'est la main droite qui va descendre sur la colonne vertébrale, pendant que la main gauche descend vers le plexus solaire.
Chaque fois, vous revenez sur l'atlas et le mouvement recommence à partir de cette vertèbre.

Les genoux se plient légèrement chaque fois que vous vous penchez en avant et se redressent lorsque vous remontez.
C'est sur l'expiration que le mouvement se fait (lorsque les mains descendent sur la colonne vertébrale et sur le sternum).

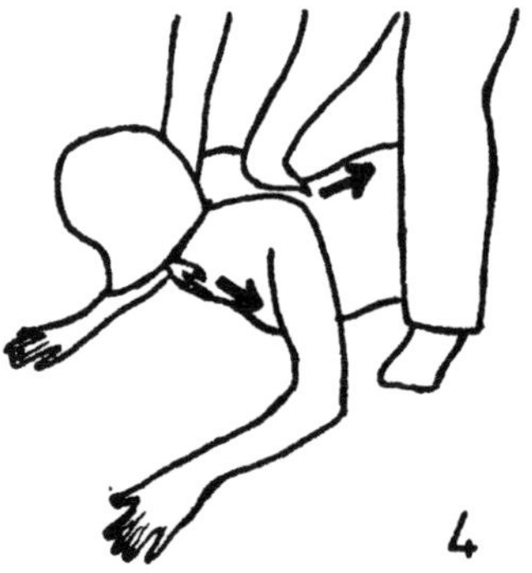

4

LES OMOPLATES

(5) Le massage dans la position du sphinx se poursuit ainsi.
Cette fois-ci, le masseur fait le mouvement avec ses pouces ou avec ses doigts autour de chaque omoplate. Les deux mains tournent dans le sens opposé, c'est-à-dire que si la main droite tourne autour de l'omoplate droite dans le sens des aiguilles d'une montre, la main gauche tourne autour de l'omoplate gauche dans le sens inverse des aiguilles d'une montre.

Trois cercles dans un sens et trois cercles dans le sens opposé.
Dans cette position, il faut bien faire attention de ne pas appuyer avec les deux mains sur le dos.
C'est pourquoi, la deuxième partie du massage s'effectue avec une main sur la colonne vertébrale et l'autre sur le sternum : c'est vous qui portez votre poids.
De même, c'est avec la force des mains, pas celle du poids du corps, qu'il faut masser les omoplates.

LES BRAS

Vous recommencez comme précédemment.
Les deux mains jointes, le bout des doigts sur l'atlas, les deux mains glissent sur les épaules, puis descendent le long des bras.
Au niveau des bras, vous effectuez un mouvement qui encercle les biceps et les triceps. Vous massez ainsi les biceps et les triceps, quatre ou cinq fois.

(6) Puis vos mains descendent sur les avant-bras de la personne massée.
Ici, vos deux pouces vont soutenir le poids de votre corps, posés sur le point du gros intestin de chaque avant-bras de la personne massée.
De ce point-là, vous poussez et glissez le long des avant-bras, jusqu'au point situé entre le pouce et l'index.

Le contact reste toujours bien appuyé sur les avant-bras de la personne massée.
Vous revenez, toujours en gardant un léger contact avec ses bras.
De nouveau sur l'atlas, vous redescendez sur les épaules, massez de nouveau les biceps et les triceps.
Puis les pouces reviennent sur le point du gros intestin et glissent le long du méridien jusqu'à sa terminaison entre le pouce et l'index.
Vous répétez cela plusieurs fois.

6

LES FESSIERS ET LE COCCYX

(7) Puis vous revenez au niveau des fessiers et du coccyx.
A partir du coccyx, avec les talons de vos mains, vous glissez les mains vers les hanches et vous faites de petits cercles au niveau des hanches.

Vous remontez sur les fessiers, en dessinant un cercle, et vous revenez au niveau du coccyx.
Faites plusieurs fois ce mouvement.
Après cela, vous demandez à votre partenaire de s'allonger doucement à plat ventre, la tête soit à droite, soit à gauche.
Laissez la personne se reposer pendant quelques instants, le corps couvert avec un plaid chaud.

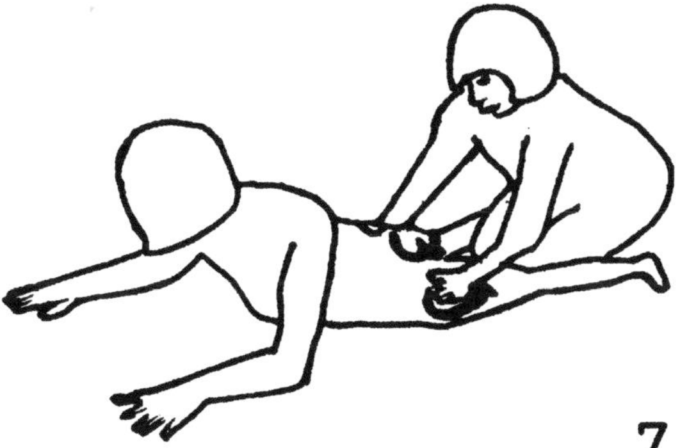

7

LE FŒTUS

La personne massée est couchée sur le côté gauche, dans la position du fœtus.
Le masseur se trouve dans le " position du diamant " ou en " assise japonaise " (à genoux, les talons tournés vers l'extérieur, les orteils se touchant, on s'assoit entre les talons, le dos bien droit).
Les genoux du masseur se trouvent en contact avec le ventre et le plexus solaire de la personne massée.
Comme dans tous les autres massages, ici aussi, le masseur prend quelques secondes pour se recueillir.
Puis il va faire ce massage en YOGA MUDRA.
Le YOGA MUDRA, c'est une posture, ou plutôt une série de postures, qui se fait avec une respiration bien particulière.

(1) Les mains jointes, les yeux sont fermés. Vous inspirez.
En expirant, les yeux ouverts, vous vous penchez en avant et vous posez les deux mains, les doigts entrelacés, sur la colonne vertébrale, au niveau du plexus solaire.

1

(2) Maintenant, en apnée, avec les deux majeurs d'un côté de la colonne vertébrale et les deux index de l'autre côté, tout en appuyant bien fermement, la main gauche va monter vers l'atlas et le sommet de la tête, pendant que la main droite descend jusqu'au coccyx. C'est comme si la colonne vertébrale était tirée dans les deux sens opposés.
Et puis, tout doucement, en inspirant, les mains jointes, vous revenez dans la position verticale, dans la position du diamant.
Inspirez, les mains jointes, les yeux fermés.

(3) Expirez, penchez-vous en avant, les doigts entrelacés, posez-les d'un côté de la colonne vertébrale, le côté gauche de la colonne vertébrale, c'est-à-dire vers le bas.

Et glissez les deux mains, tout en appuyant assez fortement, comme si vous vouliez écraser sept grains de raisin.
Laissez partir une main vers l'épaule, vers le haut, et l'autre vers les fessiers.

3

(4) Avec une main, contournez alors l'épaule, glissez le long du bras gauche, jusqu'au bout des doigts, pendant que l'autre main glisse autour des fessiers, puis sur la cuisse, le mollet, la cheville, jusqu'au bout des orteils.
Tout ceci en apnée.

4

Vous inspirez, vous revenez dans la position du diamant.
De nouveau, vous expirez et vous vous penchez en avant.
Cette fois-ci, c'est le côté supérieur que vous allez faire.
Vous allez laisser glisser les mains jusqu'au bout des doigts et des orteils.
Puis vous revenez dans la position de salutation, en inspirant.
Vous effectuez ce cycle trois fois, soit neuf respirations.
Maintenant, vous inspirez.
Retenez le souffle.
Puis vous vous penchez en avant.
Et sur le dos, sur la colonne vertébrale, au niveau du nombril, vous soufflez.
De nouveau, vous inspirez, en remontant vers le haut.
Retenez le souffle.
Vous vous penchez en avant.
Et puis soufflez sur la colonne vertébrale, au niveau du plexus solaire.
De nouveau, inspirez, vous remontez.
Retenez le souffle.
Vous vous penchez en avant.
Et au niveau du cœur, soufflez sur la colonne vertébrale.

La personne massée éprouvera une sensation de chaleur, une sensation de grande circulation énergétique.
Ainsi, avec des rétentions, vous terminez vos douze respirations.
Vous laissez la personne se reposer pendant quelques minutes.
Puis vous lui demandez de se tourner vers l'autre côté.
Cette fois-ci, elle est allongée sur le côté droit.
Ses genoux sont toujours repliés en position du fœtus.
Il ne faut pas oublier de tenir compte que toutes les positions de yoga ont des effets en soi.
Cette posture du fœtus va éliminer les gaz intestinaux.
Elle est excellente pour tous les problèmes de foie, de rate, de pancréas, d'estomac et de gros intestin.
La personne massée va ainsi avoir tous les bienfaits de la posture du fœtus, en même temps qu'elle bénéficie de ceux des respirations.
Car, dès qu'elle est couchée sur le côté gauche, d'une façon automatique, elle commence à respirer de plus en plus par la narine droite, et le NADI IDA sera réveillé.
De même, dès qu'elle est couchée sur le côté droit, elle va respirer de mieux en mieux par la narine gauche, et le NADI PINGALA sera réveillé.
Et le souffle au niveau du cœur, du plexus solaire et

du nombril redonnera une énergie intérieure pour se fortifier au niveau du cœur émotionnel. Cela nous aidera à décoincer le plexus solaire, à nous libérer du stress et facilitera la maîtrise des problèmes d'angoisse, de doute, de jalousie, de peur et toutes les réactions viscérales. Tout cela grâce à ce grand souffle sur les trois points clé que sont le nombril, le plexus solaire et le cœur.

LE MASSAGE DES MEMBRES

LA PLANTE DU PIED

Les pieds sont sacrés.

La propreté et la santé des pieds sont aussi importantes que la santé de l'être tout entier.
Que l'être humain se tienne debout sur ses deux plantes de pieds et reste dans cette position verticale est un miracle scientifique et mécanique, relevant d'une ingénierie de haut niveau.
Dieu seul est capable de mettre toutes ces possibilités dans ces deux plantes de pieds.
Les pieds symbolisent cette position verticale qui est unique aux hommes par rapport aux animaux.
Cette verticalité va aussi signifier le progrès et l'évolution, et les pieds resteront le fondement, ou les bases solides, de cette verticalité.
Par ailleurs, les pieds restent en contact avec la TERRE, ce qui signifie enracinement dans la TERRE, ou encore prendre l'énergie de la TERRE afin de se mettre dans cette position verticale, afin de se mettre en contact avec l'énergie cosmique, l'énergie éthérique.
Tous les matins, marchez pieds nus sur l'herbe cou-

verte de rosée. Cette marche procure un doux massage agréable qui réveille les énergies et rééquilibre le corps et l'esprit.
Elle est particulièrement recommandée pour toutes les affections des yeux et de la tête.
En INDE, les pieds sont représentés par des dessins symboliques.
Un soleil, un croissant de lune, un serpent, etc., sont souvent dessinés sur les plantes des pieds.
Ce langage symbolique montre aussi les liens qui peuvent exister entre les zones des plantes des pieds, qui sont des points réflexes, et les différentes parties du corps ou les différents organes. Actuellement, il existe beaucoup de planches de réflexologie qui permettent de se repérer.

Grâce à ces massages, sans prétendre tout guérir, on peut toutefois apporter une aide à notre corps, à nos organes.

Voici une chose simple que vous pourrez pratiquer régulièrement chez vous.
Avec de l'huile, ou mieux encore avec du ghee, vous commencez par poser simplement les mains sur le pied, en sentant le pied, en prenant contact avec lui.

(1) (2) (3) Puis après l'avoir huilé, vous commencez par masser les zones du gros intestin (voir schéma page suivante).
Suivez son tracé sur le pied, soit en glissant le pouce, soit par un jeu de pression - relâchement le long de cette ligne.

(4) (5) Puis, toujours avec le pouce, tracez une ligne diagonale reliant la zone de la vessie à celle des reins. A chaque extrémité de la diagonale, marquez un léger temps d'arrêt et pressez assez fortement le point.

(6) Ensuite, avec les deux pouces, massez le point solaire, il se situe dans une petite dépression au milieu du pied, pressez et relâchez.

(7) Vous continuez en massant le gros orteil qui symbolise le cerveau, et surtout celui de l'hypophyse.

(8) Et vous pouvez terminer par la colonne vertébrale, souvent représentée sur les dessins du yoga tantrique par un serpent courant le long de la ligne intérieure de chaque pied.
Vous finissez ce massage en glissant la paume de la main sur la plante du pied, jusqu'à ce que les doigts viennent s'entrelacer avec les orteils.

pied droit pied gauche

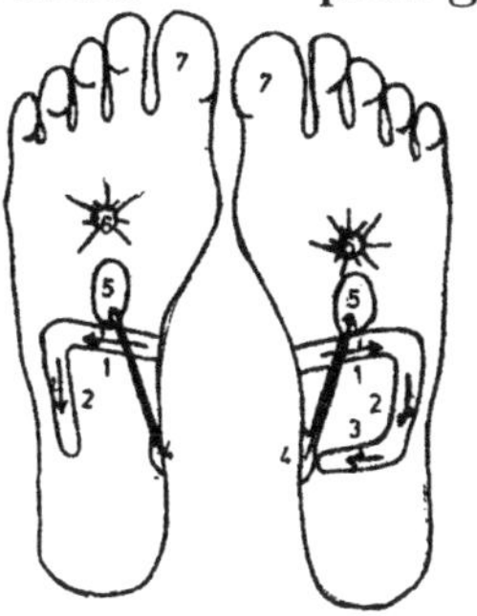

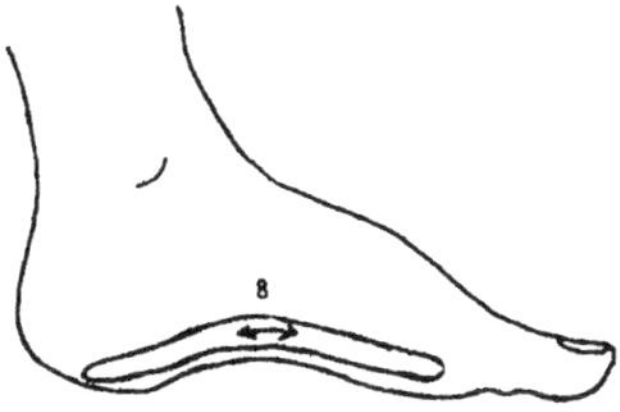

Vous tirez ensuite légèrement sur le pied, ce qui a pour effet de le soulever.

Puis vous le reposez doucement au sol, et vous l'effleurez une ou deux fois.

Vous le gardez ensuite quelques instants entre les deux mains, les deux polarités, avant de recommencer ce massage sur l'autre pied.

Bien sûr, il est tout à fait possible de travailler les plantes des pieds de manière plus approfondie, c'est alors toute une étude à mener.

LES JAMBES

Ce massage est surtout pratiqué aux saisons intermédiaires, l'automne et le printemps.
Il ramène les énergies vers le bas, ce qui élimine les déchets de l'organisme et soulage des tensions cérébrales.
C'est donc un massage excellent pour la fatigue chronique, quand on ne se sent pas en forme et que le niveau énergétique est faible. On le conseille aussi pour les personnes tendues au niveau du haut du dos et des épaules.
Grâce à ce massage, vous aurez un sommeil d'enfant.

La personne massée est sur le dos, les jambes légèrement écartées, le corps bien détendu sur le sol.
Le masseur s'assoit à ses pieds et, après quelques instants de recueillement, prépare ses mains au massage en les huilant généreusement.

Puis approchez tout doucement les mains du pied gauche, sans le toucher. Restez immobile, respirez calmement, profondément, les mains à quelques centimètres du pied.

(1) Et, lorsque vous vous sentez prêt, touchez tout d'abord le gros orteil entre le pouce et l'index, puis glissez, en remontant par l'intérieur de la jambe, jusqu'à l'aine, et redescendez sur l'extérieur, la main restant en contact avec la jambe. Recommencez ainsi douze fois.

(2) La main sur le pied va cette fois glisser jusqu'au genou, toujours en remontant par l'intérieur de la jambe.
Avec les doigts, faites alors trois petits cercles autour du genou, dans le sens des aiguilles d'une montre, et redescendez sur l'extérieur de la jambe.

(3) Ensuite, avec le poing fermé, vous allez frotter le poing sous la plante du pied, puis " clouer le pied " sur la jambe, c'est-à-dire que vous frappez le talon avec le poing, un peu comme un marteau sur un clou.
Ne tapez pas trop fort, mais ne tapez trop légèrement non plus ; travaillez dans un juste équilibre.

(4) Vous tracez des cercles autour des malléoles interne et externe du pied et vous nettoyez tous les petits creux qui se cachent dans cette région en les travaillant avec le bout des doigts. Ce sont souvent des points assez sensibles.

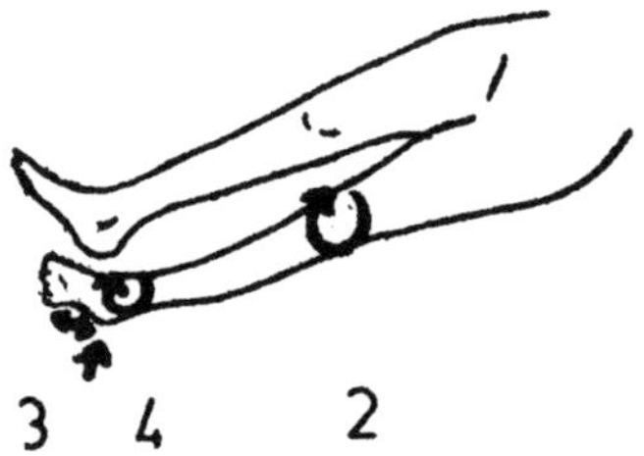

(5) A quatre travers de doigts au-dessus de la cheville intérieure se trouve le point de l'énergie " transvitale ". C'est un carrefour de méridiens importants.
Massez-le avec l'index et le majeur l'un sur l'autre, nettoyez, frottez, vibrez.
Mais attention, c'est en général un point douloureux.

(6) Puis sur le côté extérieur de la jambe, à environ quatre travers de doigts sous le genou, se trouve le point de commande de l'énergie alimentaire. Massez-le pareillement.

(7) Puis au genou, nettoyez tous les creux que vous trouvez dans l'articulation, vérifiez sa souplesse, faites bouger la rotule dans sa cavité, travaillez aussi les quatre points du genou, massez devant, derrière, sur les côtés.

5 6 7

(8) Si la personne n'a pas de problèmes de circulation, vous allez éliminer la fatigue en repoussant avec le pouce toutes les toxines accumulées vers le bas, vers la cheville.

Travaillez centimètre par centimètre, ligne par ligne, le long du tibia et du péroné.

Puis éliminez tout ceci au niveau de la cheville, nettoyez-la, toujours avec le pouce, de tous les côtés.

8

(9) Le gros orteil posé sur le point d' "équilibre entre le corps et l'esprit" (à 1 ou 2 cm au-dessus des orteils, entre le 4e et le 5e), vous commencez par huiler le mollet, du genou vers le pied, avec toute la paume de la main, une main après l'autre.
Puis faites le même mouvement, mais avec le tranchant de la main.

(10) Pour habiller la jambe, vous allez maintenant lui offrir des " bracelets ". La jambe sertie entre le pouce et les doigts, depuis le genou jusqu'au pied, " vissez/dévissez ".
Tapotez le mollet avec les quatre doigts serrés, de l'arrière vers l'avant, du haut vers le bas.
Puis, doucement, reposez la jambe au sol.

10

(11) Vous allez maintenant masser la cuisse avec le poing fermé, descendre le long de la " couture du pantalon ", par petites touches de pinceau ou avec de grands traits, comme vous le désirez et suivant ce que la personne supporte, car cette zone est souvent très douloureuse.

(12) En partant du haut de la jambe, massez en spirale : une main descend par l'intérieur, pendant que l'autre descend sur l'extérieur, les mains vont se croiser et continuent ce mouvement tout en descendant vers le pied.
(Ce mouvement de la "plante grimpante " est très particulier au massage indien, qui l'utilise beaucoup.)
Recommencez ce mouvement douze fois en tout.
Pour terminer, en partant du haut, lissez la jambe du haut vers le bas et remontez vers l'intérieur avec un mouvement de plus en plus léger, comme une douce brise qui peu à peu s'en va. Puis gardez quelques instants le pied entre vos deux mains et sentez sa chaleur.

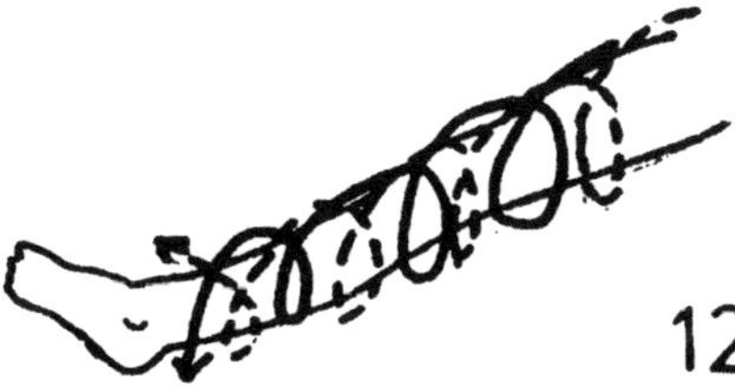

12

LES BRAS

La personne massée se trouve sur le dos, le corps est détendu.
Doucement, vous prenez contact avec une de ses mains.
Vous mettez de l'huile dans sa paume et, vos doigts entrelacés avec les siens, vous massez sa paume avec le pouce dans le sens des aiguilles d'une montre.

(1) Et puis, avec vos deux mains, vous allez malaxer sa paume et tirer légèrement sur chacun de ses doigts. Vous pincez chaque ongle entre l'ongle de votre pouce et l'index.
(2) Au niveau des poignets, vous travaillez le plus profondément possible, en cherchant tous les petits creux avec le bout de vos doigts. Ce massage est simple mais très efficace.
Comme la plante des pieds, la main contient des points réflexes. Et en touchant chacun de ces points, vous pouvez créer une détente générale de tout le corps. C'est un massage très agréable, très sensuel et tonique.

(3) Après avoir massé la main, vous faites le mouvement de “ la plante grimpante ” (voir le massage des jambes) sur tout le bras, cinq à six fois.
(4) Puis vous passez au mouvement de “ visser/dévisser ”, ou encore à celui de “ l'essorage ”, avec vos deux mains, à partir du poignet jusqu'aux aisselles.

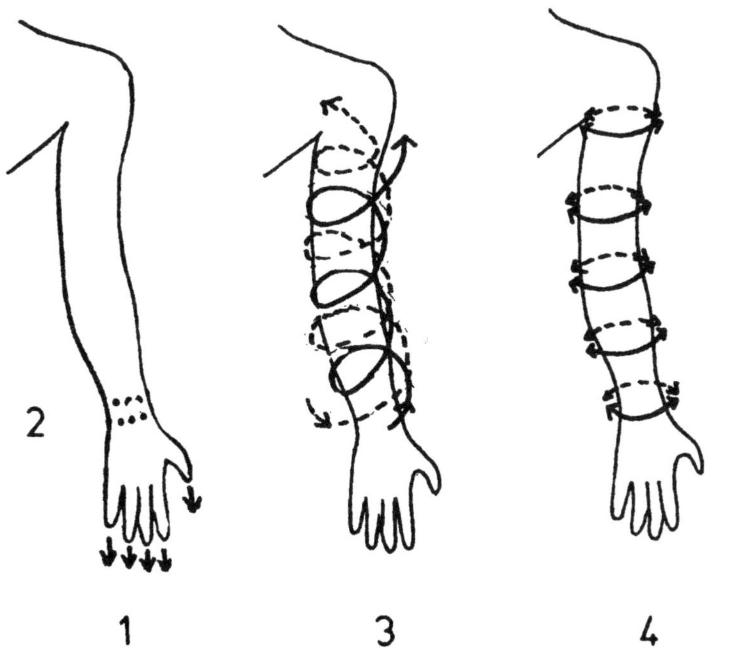

Etant donné que certains points ont été travaillés pendant le massage du sphinx, il n'est pas nécessaire de les répéter. Mais si ce massage n'a pas été fait, il faut rajouter celui des biceps et des triceps, ainsi que celui des deltoïdes, suivis du massage de l'avant-bras en suivant le méridien du gros intestin.
Puis vous vous mettez dans le prolongement du bras de la personne et, en croisant vos doigts avec les siens, vous faites vibrer rapidement tout le bras.
Vous terminez par des effleurements de la tête jusqu'à la main et vous gardez quelques instants la paume de la main dans la vôtre.
Vous répétez ensuite tout le processus pour l'autre main.
Un autre massage des bras peut se faire comme pour PAGATCHAMPI. Par un jeu de pression-relâchement dans sept positions différentes.
Ici aussi, le massage agit sur de nombreux méridiens.

LE DEVANT DU CORPS

INTRODUCTION

Si toutes les tensions, toutes les contrariétés et tous les blocages passés ou présent, physiques, émotionnels ou mentaux, siègent dans le dos, on retrouve ces mêmes émotions dans la partie antérieure du corps.

Le devant du corps loge toutes les émotions primaires, les désirs, les peurs, les doutes, la jalousie, la convoitise, toutes gérées par l'émotionnel, ainsi que toutes les tensions viscérales situées dans la région abdominale.

Cependant, cette région est plus vulnérable que le dos, et n'est pas capable de leur " faire le gros dos ". Elle a beaucoup moins de défenses.

Si l'on n'a pas créé un climat de confiance, si un courant de sympathie ne s'établit pas entre le masseur et le massé et que l'on touche cette partie un peu trop ou pas assez, la colère, l'antipathie et la tristesse peuvent survenir.

Toute la partie du cœur et du sternum est la région des émotions de l'amour, mais si elle est mal traitée, cela peut être la cause d'un état dépressif et risque de faire naître une angoisse.

Pour ce massage, l'état d'âme du masseur est donc très important.

Son calme, sa tranquillité, sa paix intérieure, sa sympathie et son Amour, avec un grand A, pour la personne massée, sont indispensables.

LE MASSAGE

Le masseur se trouve vers la tête de la personne à masser, à genoux, assis sur les talons.

La personne massée est allongée sur le dos.

La tête est bien droite, les bras le long du corps, légèrement écartés, paumes des mains tournées vers le ciel.

Les genoux sont pliés, plantes des pieds au sol, pendant tout ce massage, ce qui permet de bien détendre le ventre.

(1) Tout d'abord, vous posez les deux mains sur les épaules et essayez de les repousser vers l'avant, en poussant l'épaule droite vers le talon gauche et l'épaule gauche vers le talon droit.

(2) Puis avec le pouce au niveau de la gorge, vous essayez d'aller derrière la structure osseuse du sternum.

1

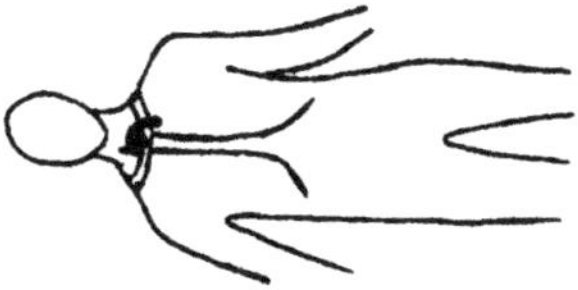

2

(3) Les deux pouces font le tour de la clavicule, de la gorge vers les épaules, et de nouveau reviennent vers le centre, vers le sternum.
Puis ils vont glisser de chaque côté du sternum jusqu'au plexus solaire, avec une légère pression, comme pour écraser cette fois-ci cinq grains de raisin.
Vous continuez le mouvement sur les côtes flottantes, comme pour les attraper, et vous descendez sur les côtés jusqu'à ce que vous atteignez la structure de l'os sacro-iliaque.
Et tout doucement, continuez le long de cette structure osseuse.
Vous remontez vers le pubis, une légère pression sur le pubis, et vous redescendez les mains vers les hanches au niveau des reins.
A demi sur le côté, à demi sur le dos, vous tirez les mains vers vous, jusqu'au niveau des aisselles.
Faites le tour sur les épaules pour revenir sur le dessus et glissez vos mains sur les bras, jusqu'au niveau des mains.
Vous revenez avec un effleurement léger.
Vous continuez ce mouvement une douzaine de fois.

(4) Maintenant vous allez faire le massage du ventre. Au départ, vous allez refaire les marmas (les points clé), comme vous l'avez fait pendant abhyanga ; c'est-à-dire le nombril et les quatre points autour du nombril.

Après, avec une main, vous allez suivre le côlon ascendant, le côlon transverse, le côlon descendant, puis vous revenez vers le nombril et vous relâchez.

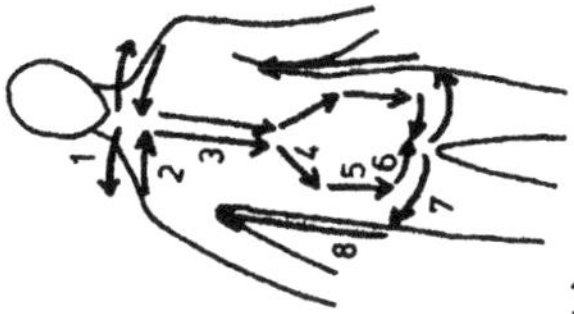

3

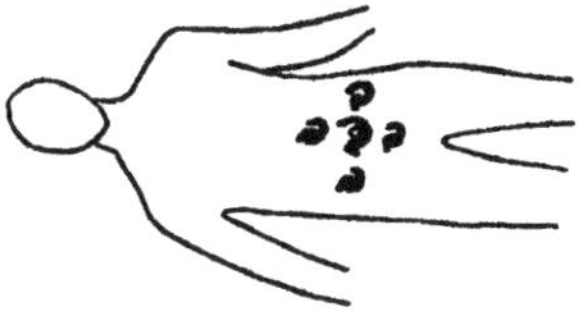

4

(5) Faites le même circuit, mais en dessinant de petites spirales avec le bout des doigts. Vous allez :

1 - de l'appendice vers le foie, en spirales montantes
2. du foie vers l'estomac, en ligne transversale
3 - puis vers le bas jusqu'à la hauteur du nombril
4 - des spirales horizontales vers le nombril
5 - et descendre jusqu'au pubis.

Vous relâchez et vous recommencez au niveau de l'appendice deux autres fois.

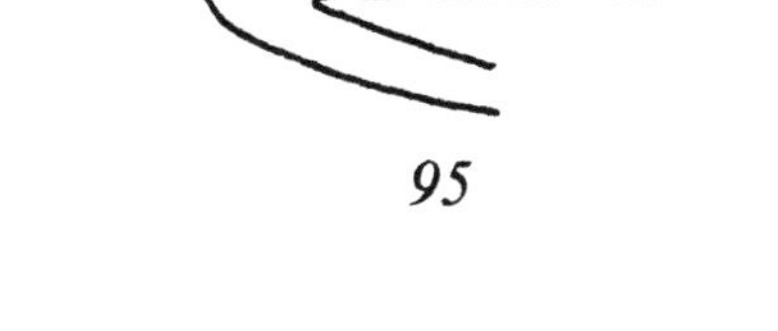

5

(6) Le poing fermé, tournant autour du poignet, tracez ensuite un large cercle sur toute la région abdominale.
Vous allez donc masser avec le talon de la main et avec le dos de la main, à tour de rôle.
Puis de nouveau le circuit ventral, mais en pointillé, avec le bout des doigts en pression-relâchement.
Et puis, avec les deux mains, vous allez dessiner une spirale de plus en plus grande qui part du nombril, dans le sens des aiguilles d'une montre.

(7) Posez l'annulaire dans le nombril et sur chaque expiration de votre partenaire, descendez-le de plus en plus profondément, jusqu'à ce que vous sentiez les battements de son cœur au bout de votre doigt.
Et puis relâchez doucement.

Posez la main droite sur le nombril
Posez la main gauche sur le sommet de la tête.
Et laissez la personne respirer doucement, tranquillement, librement.

Achevé d'imprimer d'après les documents fournis, en février 2000
IMPRIMERIE LIENHART à Aubenas d'Ardèche
Dépôt légal : février 2000 - N° d'imprimeur : 2144

Élis
Vigée Le Brun

Geneviève Haroche-Bouzinac

HORS SÉRIE DÉCOUVERTES
RMN-GRAND PALAIS

La Paix ramenant l'Abondance,
huile sur toile, 1780

Étude de la figure de l'Abondance pour *La Paix ramenant l'Abondance*, pastel et pierre noire sur papier, 1780

Quel relief! les figures sortent et s'avancent hors du tableau.
Quelle vivacité, quelle fraîcheur de carnation!
le sang y circule principalement dans les doigts
qui sont d'une délicatesse charmante. Quelle entente,
quel bel accord de couleurs bien fondues, bien empâtées,
maniées avec autant d'agrément que de science.

Loterie pittoresque pour le Salon de 1783

Une jeune académicienne

Élisabeth Louis Vigée n'a pas quinze ans lorsqu'elle réalise un portrait de sa mère en sultane. Dès lors, sa réputation se répand dans Paris. Une clientèle de nobles, de bourgeois et d'artistes, attirée par la capacité de la ravissante portraitiste à saisir la ressemblance, se constitue rapidement. Lors d'un voyage à Anvers, en compagnie de son époux, Jean-Baptiste Pierre Le Brun, elle observe l'œuvre de Rubens, et acquiert une technique de la peinture sur bois exceptionnelle. Par ses autoportraits, elle impose une image et un style simples qui conviennent à un peintre passant de l'atelier au salon et qui suscitent l'imitation chez les autres femmes. Son talent lui permet d'être reçue à l'Académie royale de peinture en 1783.

Jean Baptiste Pierre Le Brun, *Autoportrait*, huile sur toile, 1795

Les compétences de Jean-Baptiste le Brun, restaurateur, peintre et marchand d'art, aideront sa talentueuse épouse à imposer des tarifs élevés à une clientèle de plus en plus nombreuse.

Cette scène musicale, singulière dans l'œuvre de l'artiste, représente le couple Le Brun au moment de leurs fiançailles.

Le Concert espagnol, détail, huile sur toile, 1777

Je ne portais que des robes blanches de mousseline ou de linon
Vigée Le Brun, *Souvenirs*, 1835

Autoportrait dit au ruban cerise,
huile sur toile,
vers 1782

La « pièce de réception » présentée en 1783 à l'Académie est un tableau réalisé trois années auparavant. La candidate avait documenté l'allégorie auprès d'œuvres de Pompeo Batoni et de Simon Vouet. Ce qui distingue le travail d'Élisabeth Vigée Le Brun de celui de ses devanciers, c'est la force suggestive du mouvement qui anime les personnages : la Paix d'un bras souple entoure les épaules de l'Abondance. Lauriers et rameau d'olivier sont les emblèmes de la Paix ; corne remplie de fruits et de fleurs et d'épis de blés ceux de l'Abondance.

Étude de la figure de la Paix pour *La Paix ramenant l'Abondance*, pastel et pierre noire sur papier, 1780

Une dame pliant une lettre (portrait présumé de la comtesse du Barry de Cérès), huile sur toile, 1784

Nous aimons ces beautés lointaines,

dans l'enivrement de leur jeunesse et de leur roy

« En un mot j'étais à la mode »

Une tendance du goût français veut qu'un beau portrait résulte d'une altération agréable des formes, une « caricature en beau », selon l'expression de Diderot. La portraitiste trouve la voie étroite entre le réalisme et l'idéal. « Je tâchais autant qu'il m'était possible de donner aux femmes que je peignais l'attitude et l'expression de leur physionomie ; celles qui n'avaient pas de physionomie, on en voit, je les peignais rêveuses et nonchalamment appuyées. Enfin, il faut croire qu'elles étaient contentes ; car […] on avait de la peine à se faire placer sur ma liste ; en un mot j'étais à la mode. »

La Baronne de Crussol Florensac, huile sur bois, 1785

Dans plusieurs de ses portraits de l'année 1785, Élisabeth Vigée Le Brun fait usage d'une pose effaçant la ligne des épaules. Cette formule laisse une partie du visage dans la pénombre et crée un effet de mystère. L'expression interrogative de la baronne de Crussol évoque l'interruption de son chant. Un livret de musique en italien ouvert à la page du chœur, « Le Dieu de Paphos et de Gnide » (*Orphée et Eurydice* de Gluck, 1774), est une allusion au « souper grec ». Lors de cette soirée, l'artiste avait contribué à répandre la mode « à l'Antique » en costumant ses invitées en Athéniennes.

Pour exprimer le charme de madame du Barry, l'artiste voile ses « yeux allongés » aux paupières semi-ouvertes d'une ombre légère.

La Comtesse du Barry, en peignoir, avec un chapeau de paille, huile sur toile, vers 1782

leurs jours de bonheur sans nuage,

paisible. Pierre de Nolhac, *Madame Vigée Le Brun*, 1912

Amitié et amour maternel sont illustrés dans ce quadruple portrait dont la composition évoque l'esprit des *Saintes Familles* de Guido Reni ou du Dominiquin. Cet ambitieux tableau de groupe place côte à côte la marquise de Pezay, voisine de l'artiste et veuve d'un intrigant courtisan et son amie la marquise de Rougé. Les critiques soulignent la virtuosité de l'artiste et sa « manière brillantée ». L'effet exceptionnel du taffetas de soie changeant est une des réussites de ce tableau au chromatisme éclatant. Le geste de la marquise de Pezay, l'index tendu vers les enfants de son amie, les désigne comme autant de trésors de l'amour filial.

La Marquise de Pezay et la marquise de Rougé accompagnée de ses fils, huile sur toile, 1787

La tendresse maternelle

Avant même de devenir mère en 1780, l'artiste est sensible aux expressions de l'enfance. À l'instar de Jean-Baptiste Greuze dont elle a étudié les savants dégradés de lumière, elle révèle les émotions indécises de ses jeunes modèles dans des attitudes tendres. Mais c'est au moment de leurs amusements qu'elle préfère saisir leurs expressions fugitives. Sa rapidité d'exécution, particulièrement au pastel, lui permet de mettre en valeur la fraîcheur de leurs carnations. Elle suggère avec finesse la grâce mobile de leurs visages à l'instant du passage entre enfance et adolescence.

Dans ce délicat pendant, autrefois attribué à Greuze, l'artiste réunit deux des enfants de Caillot, célèbre ténor sur la scène de l'opéra-comique. Le garçon, les cheveux ébouriffés, semble interrompu dans ses jeux, tandis que la fillette est plongée dans l'intériorité de sa rêverie.

Jeune garçon de la famille Caillot en veste bleue, pastel sur papier, 1787

Augustine Catherine Caillot en robe rouge et tablier bleu, pastel sur papier, 1787

Fille cadette de Marie-Caroline, sœur de Marie-Antoinette, Marie-Christine, âgée de onze ans, pose dans une tenue estivale de plumetis blanc. Rien n'indique en ce tableau ses origines princières. La fillette a garni son panier d'osier d'une moisson de roses. L'artiste démontre ici son habileté de peintre de fleurs.

Maria Cristina Teresa di Borbone, princesse des Deux-Siciles, cueillant des roses dans un jardin, huile sur toile, 1790

Pour représenter la fille de l'architecte Brongniart, l'artiste utilise la surface polie d'un support de chêne afin de créer des effets de transparence. La malicieuse enfant, surnommée Ziguette, surprise la main dans le sac, joue avec des pelotes de laine. La blancheur de sa tenue, « cache-cœur » de plumetis et mouchoir de linon, contraste avec les couleurs audacieuses de la laine et du satin.

Alexandrine Émilie Brongniart, huile sur panneau de chêne, 1788

Portrait de l'artiste avec sa fille dit *La Tendresse maternelle*, huile sur panneau de chêne, 1786

La tendresse maternelle, ce sentiment délicat, cette douce affection de l'âme, est rendue avec un art si admirable, que ce tableau peut être comparé à ce que les plus grands maîtres de l'école d'Italie ont produit de plus sublime. *L'Année littéraire*, 1787

*Je vois dans les ouvrages de cette charmante artiste je ne sais quoi d'*amoroso. *C'est la mélodie de l'Art.*
Jugement d'un musicien sur le Salon de 1785

Les Enfants de France, Marie-Thérèse Charlotte de France et son frère le dauphin, Louis Joseph Xavier François, huile sur toile, 1784

La Duchesse de Polignac
huile sur toile, 1782

« La duchesse de Polignac joignait à sa beauté, vraiment ravissante, une douceur d'ange. » Coiffée d'un chapeau de paille jetant une ombre sur le visage, l'« inséparable de la reine » arbore un châle de dentelle noire, appartenant à l'atelier. Gouvernante des Enfants de France, elle veillait sur l'éducation de Marie-Thérèse Charlotte et Louis Joseph Xavier François.

La portraitiste de la reine

La rencontre avec Marie-Antoinette est décisive. La reine, insatisfaite de ses portraitistes, cherchait un peintre qui mette en valeur « la ressemblance ». Sans dissimuler l'irrégularité des traits, les lèvres fortes, le nez busqué, l'ovale étroit de son modèle, l'artiste inscrit ses défauts dans une harmonie d'ensemble. Elle exprime le regard « spirituel et doux », le teint « qui ne prenait point d'ombre » de celle qui deviendra sa protectrice. En diffusant une image flatteuse de la souveraine à travers l'Europe, Vigée Le Brun devient son alliée. Une complicité née d'attentions réciproques et d'affinités de goûts tisse entre les deux femmes des liens fondés sur la loyauté. L'artiste réalisera, avec des variantes, des répliques, et des effigies « de souvenir », une trentaine de portraits de son auguste modèle.

Marie-Antoinette en robe de gaulle, huile sur toile, après 1783

Sur ces deux portraits, c'est une rose et non un symbole royal que la reine tient à la main. Le portrait destiné à la cour de Vienne fit « les délices » de sa mère, l'impératrice Marie-Thérèse. Cinq ans plus tard, le portrait dit *en robe de Gaulle* marque un tournant dans l'histoire des représentations de la reine. L'artiste dut retirer l'œuvre du Salon et la remplacer par une version « au livre », car les Parisiens supportaient mal de voir leur souveraine posant dans une tenue aussi légère.

Marie-Antoinette en grand habit de cour, huile sur toile, 1778

Emma Hart, future lady Hamilton, avait posé pour Romney et Reynolds. Peindre la jeune femme aux attitudes théâtrales représentait donc un défi que madame Le Brun releva avec brio. Dans cette version en buste de *Lady Hamilton en Sybille*, elle s'inspire d'une œuvre du Dominiquin. La réputation de ce portrait précédera l'artiste à travers l'Europe. C'est encore la ravissante Emma qui danse, agitant un tambour de basque, dans un paysage où l'on distingue le Vésuve.

Lady Hamilton en Sibylle de Cumes, huile sur toile, 1792

Marie-Antoinette et ses enfants,
huile sur toile, 1787

On lit sur son front : je suis Reine
Et je suis mère dans ses yeux.
De Moustier, *Le Bouquet du Sallon*, 1787

Dans la série de portraits de Marie-Antoinette réalisée pour les ambassades et les ministères, Vigée Le Brun souligne le royal port de tête par une coiffure surmontée d'un plumet. Selon l'artiste, elle portait « la tête fort élevée, avec une majesté qui [la] faisait reconnaître [...] au milieu de toute sa cour, sans que pourtant cette majesté nuisît en rien à tout ce que son aspect avait de doux et de bienveillant ».

Marie-Antoinette, en manteau bleu et robe blanche, huile sur toile, 1788

La Comtesse Skavronskaïa, huile sur toile, 1790

Vers l'Italie

Dans la nuit du 6 octobre 1789, se sentant menacée, Madame Le Brun fait route vers l'Italie, qu'elle rêvait de connaître depuis longtemps. Les œuvres de Raphaël et du Dominiquin l'éblouissent, le charme des cascatelles de Tivoli qu'elle découvre en compagnie des paysagistes Lethière et Simon Denis l'impressionne. À Rome comme à Naples, artistes et diplomates posent devant son chevalet. On lui fait l'honneur de lui demander son autoportrait pour la galerie dite des Offices de Florence. À Naples, où la reine Marie-Caroline, sœur de Marie-Antoinette, lui commande les portraits de ses enfants, l'artiste se nourrit de la contemplation du Vésuve, dont elle se servira pour documenter ses fonds.

Autoportrait en costume de voyage, pastel, 1790

L'artiste offre à son ami François Ménageot, directeur de l'Académie de France à Rome, ce tendre et mélancolique autoportrait au pastel où elle se représente en pèlerine de voyage avant de quitter Rome pour Naples.

Hubert Robert, célèbre pour ses évocations des ruines romaines, faisait partie du cercle amical de l'artiste. Avant son départ, elle saisit son caractère impétueux dans une attitude inspirée par les maîtres du Nord. La première lettre romaine de la voyageuse sera pour le « bon Robert », dont la devise était « *Dum spiro, spero* » (Tant que je respire, j'espère) et dont elle retrouve partout le souvenir.

Hubert Robert, huile sur panneau de chêne, 1788

Avant de revenir, je veux revoir encore ma chère Rome,
que j'idolâtre par tout ce qu'elle renferme de divin.
Lettre à madame du Barry, été 1790

À Venise, Isabella Teotochi Marini pose à la demande de son amant Vivant Denon devant le chevalet de la portraitiste, qui exalte sa sensualité. La gamme chromatique rouge souligne la bouche pulpeuse de la jeune femme à laquelle le cavalier aimait à rendre hommage.

Isabella Teotochi Marini, huile sur papier marouflé sur toile, 1792

Lady Hamilton en bacchante dansant devant le Vésuve, huile sur toile, 1792

La Gräfin Johann Nepomuk Josef de Longueval von Bucquoi, huile sur toile, 1793

Pour ce portrait de la comtesse Bucquoy, l'artiste emploie une formule à succès : une pose dans un décor montagneux, souvenir des croquis romains. Le châle brodé d'une frise d'or rappelle celui qui couvre les épaules de Flore Kageneck. Le commanditaire du tableau, le prince Wenzel Paar, invite l'artiste à en admirer l'accrochage : « Il avait fait faire un candélabre à plusieurs bougies, portant un réflecteur disposé de façon que toute la lumière se reportait sur mon portrait. Il m'est inutile de dire combien un peintre est sensible à ce genre de galanterie. »

La Princesse Hermenegilde von und zu Liechtenstein, en Ariane à Naxos, huile sur toile, 1793

La princesse, peinte en *Ariane à Naxos*, rêve, assise sur les rochers d'une grotte pittoresque qui s'ouvre sur une mer laiteuse. La fine sandale dont elle est chaussée est une allusion au portrait réalisé l'année précédente de sa belle-sœur *en Iris*, dont les pieds nus avaient fait scandale.

Heureuse à Vienne

Malgré les terribles nouvelles venues de France, Élisabeth Vigée Le Brun est conquise par la douceur de vivre de cette ville musicale. Son carnet de commande se remplit des noms de la noblesse hongroise, polonaise, russe, tandis que les portes de la Hofburg s'entrouvrent à peine pour elle. Son pinceau ose des couleurs audacieuses qui enchantent le prince de Ligne et le souvenir des paysages italiens plane sur ses portraits. Conquise par la générosité élégante de la noblesse russe, elle demande un passeport pour Saint-Pétersbourg, où elle sait que le peintre Gabriel-François Doyen, l'un de ses premiers protecteurs, est devenu académicien.

La Comtesse Anna Flora von Kageneck, huile sur toile, 1792

Dans ce portrait de la fille de l'ambassadeur d'Espagne à Vienne, cousine des princes Metternich, la couronne florale entrelacée de rubans évoque le prénom de l'adolescente de treize ans, à la grâce étincelante.

Auguste Rivière, son parent par alliance, voyage désormais avec la portraitiste et joint ses forces aux siennes. Formé à l'académie de Dresde, il copie « en grande miniature à l'huile » les portraits qu'elle réalise, car certains clients souhaitent multiplier leur plaisir en offrant des répliques à leurs proches. Grâce à un labeur acharné, les deux peintres réunissent les moyens nécessaires à leur vie, celle de Julie, de sa gouvernante et au salaire d'un ou deux domestiques.

Auguste Rivière, *Autoportrait*, huile sur toile, 1808

Les années russes

C'est une portraitiste au sommet de son art qui arrive à Saint-Pétersbourg en juillet 1795. Catherine II lui commande les portraits des archiduchesses, ses petites-filles. Reçue l'hiver dans les palais, l'été dans les datchas, l'artiste est sollicitée par une société francophile. Usant pour ses portraits de formules éprouvées – allégories, poses mélancoliques près d'une cascade, châles drapés –, elle exalte la beauté de ses modèles pétersbourgeois et moscovites. Comblée par la générosité de ses hôtes, reçue à l'Académie en 1801, l'artiste considérera la Russie comme sa seconde patrie.

Varvara Nicolaïevna, comtesse Golovine, huile sur toile, vers 1797-1800

Dans la noblesse russe, l'usage était de donner des surnoms. D'Ekaterina Vladimirovna Apraxina, ses amis disaient qu'avec ses yeux bruns et sévères, elle paraissait une déesse offensée. Ainsi la surnommaient-ils « Vénus en courroux ». Quant à Anna Ivanovna Tolstaïa, appelée « la longue » en raison de sa haute taille, l'artiste la désignait comme la « reine blanche ».

Ekaterina Vladimirovna Golitzyna, comtesse Apraxina, huile sur toile, 1796

Varvara Ivanovna Ladomirskaïa, huile sur toile, 1800

Le sentiment passe et s'envole, et à peine si la tristesse dur

mais seulement ce qu'il faut pour plaire davantage e

Madame de Guiche aurait parfaitement servi de modèle pour représenter une des Grâces. Vigée Le Brun, *Souvenirs*, 1835

Aglaé Louise Françoise Gabrielle de Polignac, duchesse de Guiche, huile sur toile, 1794

Le Comte Grigori Ivanovich Tchernychev, huile sur toile, 1793

On aime cette femme d'être si bien l'interprète d'une société galante et insouciante, qui se joue à elle-même une comédie au tragique dénouement. Pierre de Nolhac, *Madame Vigée Le Brun*, 1912

J'étais heureuse à Vienne autant qu'il est possible de l'être loin des siens et de son pays. L'hiver, la ville m'offrait une des plus aimables et des plus brillantes sociétés de l'Europe.

Vigée Le Brun, *Souvenirs*, 1835

Anna Ivanovna Bariatinskaïa, comtesse Tolstaïa,
huile sur toile, 1796

us que la joie ; un peu de mélancolie s'égare sur les visages,

ur que le sourire ait plus de prix. Pierre de Nolhac, 1912

Le Prince Ivan Ivanovich Bariatinski en manteau bleu, huile sur toile, 1800

La portraitiste est habile à exprimer le caractère des jeunes gens, surtout lorsqu'un lien d'affection l'unit au modèle comme ici avec le comte Bariatinski, l'ami attentif de Saint-Pétersbourg, de Londres et de Paris. Le visage laisse affleurer la sensibilité d'Ivan Ivanovich dont les traits évoquent ceux de sa sœur, la comtesse Tolstoïa. La cape de velours bleu brodée de palmettes enveloppe le jeune ténébreux d'un romantique mystère.

Les couleurs des joues, si elles sont naturelles,
doivent tenir de la pêche dans la partie fuyante,
et de la rose dorée dans la partie saillante.
Vigée Le Brun, *Conseils pour la peinture du portrait*, 1835

La Duchesse de Dorset, huile sur toile, 1803

Sur les chemins du retour

Son nom enfin rayé de la liste des émigrés, Élisabeth Vigée Le Brun se décide à quitter la Russie en juin 1801. Elle fait étape à Berlin où elle réalise des pastels préparatoires pour les portraits de la famille royale de Prusse, qu'elle achèvera à Paris. Bien qu'affectueusement accueillie par sa famille et les amis qui lui restent, elle ne trouve pas dans la société consulaire le climat propice à sa création ; aussi traverse-t-elle la Manche pour tenter sa chance à Londres. Quelques saisons lui suffisent à portraiturer le prince de Galles et plusieurs figures de la noblesse britannique. De retour, elle se consacre à peindre des paysages au pastel en Suisse et en Île-de-France pour son propre plaisir. Le caractère de ses derniers portraits exprime l'évolution de son goût et sa perméabilité à la sensibilité romantique naissante.

Luise Augusta Wilhelmine Amélie von Mecklenburg-Strelitz, reine de Prusse, huile sur toile, 1802

Se voir de profil, tel est le souhait de la portraitiste lorsqu'elle envisage d'écrire ses mémoires. Dans ses *Souvenirs*, placés sous le signe de l'amitié, elle se consacre à décrire les visages aperçus, les contrées visitées et leurs usages. Elle évoque sa vie privée sans dévoiler son intimité, comme en ce portrait où son fin visage se détache sans qu'on puisse rencontrer son regard.

Autoportrait de profil, pastel sur papier feutré, 1801

Le charme de son céleste visage, qui exprimait la bienveillance, la bonté […]; la beauté de sa taille, de son cou, de ses bras, l'éblouissante fraîcheur de son teint, tout enfin surpassait en elle ce qu'on peut imaginer de plus ravissant.

Vigée Le Brun, *Souvenirs*, 1835

La baronne de Staël, en Corinne, huile sur toile, 1809

Madame de Staël n'était pas jolie, mais l'animation de son visage pouvait lui tenir lieu de beauté. Pour soutenir l'expression que je voulais donner à sa figure, je la priai de me réciter des vers de tragédie, que je n'écoutais guère, occupée que j'étais à la peindre avec un air inspiré. Vigée Le Brun, *Souvenirs*, 1835

Le Comte Gaston Félix d'Andlau, huile sur toile, 1815

Pour faire le portrait d'un homme (surtout s'il est jeune) il faut le faire tenir un instant debout, avant de commencer, pour tracer plus juste les signes généraux et extérieurs.

Vigée Le Brun, *Conseils pour la peinture du portrait*, 1835

Table des illustrations

Sauf mention contraire, les œuvres reproduites sont d'Élisabeth Vigée Le Brun.

Couverture
Autoportrait, 1789-1790, h/t (huile sur toile), 100 × 81 cm. Galleria degli Uffizi, Florence. © Galleria degli Uffizi, Florence, Italy / Bridgeman Images.

Page de garde
Portrait de l'artiste avec sa fille dit *La Tendresse maternelle*, détail, 1786, huile sur panneau de chêne, 105 × 84 cm. Paris, musée du Louvre, don de Mme Tripier Le Franc. © Rmn-Grand Palais (musée du Louvre) / Franck Raux.

Une jeune académicienne
Ouverture
Jean Baptiste Pierre Le Brun, *Autoportrait*, 1795, h/t, 131 × 99 cm. Coll. part. © Photo François Doury.
Le Concert espagnol, 1777, h/t, 81 × 101 cm. Coll. part. © Photo François Doury.
Autoportrait dit au ruban cerise, vers 1782, h/t, 64,8 × 54 cm. Fort Worth, Kimbell Art Museum. © Kimbell Art Museum, Fort Worth, Texas.

Page double
Étude de la figure de l'Abondance pour *La Paix ramenant l'Abondance*, 1780, pastel et pierre noire sur papier, 45 × 48 cm. Coll. part. © Photo François Doury.
La Paix ramenant l'Abondance, 1780, h/t, 102,5 × 132,5 cm. Paris, musée du Louvre. © Rmn-Grand Palais (musée du Louvre) / Daniel Arnaudet.
Étude de la figure de la Paix pour *La Paix ramenant l'Abondance*, 1780, pastel et pierre noire sur papier, 47,9 × 48 cm. Paris, musée de l'École nationale supérieure des beaux-arts. © Beaux-Arts de Paris, Dist. Rmn-Grand Palais / image Beaux-arts de Paris.

« En un mot j'étais à la mode »
Ouverture
Jeanne Bécu, comtesse du Barry, en peignoir, avec un chapeau de paille, vers 1782, h/t marouflée sur bois, 86 × 66 cm. Coll. part. © Photo François Doury.
La Baronne Henri Charles Emmanuel de Crussol Florensac, née Bonne Marie Joséphine Gabrielle Bernard de Boulainvilliers, 1785, huile sur bois, 112 × 85 cm. Toulouse, musée des Augustins. © Musée des Augustins, Toulouse / Photo : Daniel Martin.

Page double
Une dame pliant une lettre (portrait présumé de la comtesse du Barry de Cérès, née Anne Marie Thérèse de Rabaudy Montoussin),1784, h/t, 93,3 × 74,5 cm. Toledo, The Toledo Museum of Art, don d'Edward Drummond Libbey. © The Toledo Museum of Art, Toledo, Ohio, États-Unis.

La tendresse maternelle
Ouverture
Jeune garçon de la famille Caillot en veste bleue, 1787, pastel sur papier rose de forme ovale, 47 × 38 cm. Coll. part. © Wildenstein & Co., Inc.
Augustine Catherine Caillot en robe rouge et tablier bleu, 1787, pastel sur papier de forme ovale, 45 × 37,5 cm. Coll. part. © Wildenstein & Co., Inc.
Maria Cristina Teresa di Borbone, princesse des Deux-Siciles, cueillant des roses dans un jardin, 1791, h/t, 123 × 91 cm. Naples, Museo e Gallerie Nazionali di Capodimonte. © Museo e Gallerie Nazionali di Capodimonte, Naples, Italie / Bridgeman Images.

Page double
La Marquise de Pezay, née Caroline de Murat, et la marquise de Rougé, née Victurienne Delphine Nathalie de Rochechouart, accompagnée de ses fils Alexis Bonabes Louis Victurnien et Adrien Gabriel Victurnien, 1787, h/t, 123,4 × 155,9 cm. Washington, National Gallery of Art, don de la fondation Bay en mémoire de Joséphine Bay Paul et de l'ambassadeur Charles Ulrich Bay. © National Gallery of Art, Washington DC, États-Unis / Bridgeman Images.
Portrait de l'artiste avec sa fille dit *La Tendresse maternelle*, 1786, huile sur panneau de chêne, 105 × 84 cm. Paris, musée du Louvre, don de Mme Tripier Le Franc. © Rmn-Grand Palais (musée du Louvre) / Franck Raux.
Alexandrine Émilie Brongniart, 1788, huile sur panneau de chêne, 65 × 53,3 cm. Londres, National Gallery.
© The National Gallery, Londres, Dist. Rmn-Grand Palais / National Gallery Photographic Department.

La portraitiste de la reine
Ouverture
Marie-Antoinette en robe de gaulle, après 1783, h/t, 89,8 × 72 cm. Kronberg, Hessisches Hausstiftung. © Hessische Hausstiftung, Kronberg im Taunus, Allemagne.
Marie-Antoinette en grand habit de cour, h/t, 273 × 193,5 cm. Vienne, Kunsthistorisches Museum. © Kunsthistorisches Museum, Vienne.

Page double
Gabrielle Yolande Claude Martine de Polastron, duchesse de Polignac, 1782, h/t, 92,2 × 73,3 cm. Versailles, musée national des châteaux de Versailles et de Trianon. © Rmn-Grand Palais (Château de Versailles) / Gérard Blot.
Les Enfants de France, Marie Thérèse Charlotte de France, dite Madame Royale, et son frère le dauphin, Louis Joseph Xavier François, 1784, h/t, 132 × 94 cm. Versailles, Musée national des châteaux de Versailles et de Trianon. © Château de Versailles, Dist. Rmn-Grand Palais / Christophe Fouin.
Marie-Antoinette et ses enfants, 1787, h/t, 275 × 215 cm. Versailles, Musée national des châteaux de Versailles et de Trianon. © Château de Versailles, Dist. Rmn-Grand Palais / Christophe Fouin.
La Reine Marie-Antoinette, en manteau bleu et robe blanche, 1788, h/t, 271 × 195 cm. Musée national des châteaux de Versailles et de Trianon. © Château de Versailles, Dist. Rmn-Grand Palais / Christophe Fouin.

Vers l'Italie
Ouverture
Hubert Robert, 1788, huile sur panneau de chêne, 105 × 84 cm. Paris, Musée du Louvre, département des Peintures. © Rmn-Grand Palais (musée du Louvre) / Jean-Gilles Berizzi.
Autoportrait de l'artiste en costume de voyage, 1790, pastel sur papier, 50 × 40 cm. Coll. part. © Collection particulière.

Page double
La Comtesse Skavronskaïa, née Yekaterina Vassilievna Engelhardt, 1790, h/t, 135 × 95 cm. Paris, Institut de France, musée Jacquemart-André. © Musée Jacquemart-André.
Lady Hamilton en Sibylle de Cumes, 1792, h/t, 73 × 57,2 cm. Coll. part. © Collection particulière.
Lady Hamilton en Bacchante dansant devant le Vésuve, 1792, h/t, 131 × 104 cm. Wirral, Port Sunlight, Lady